Friedrich Schröder

Die weiße Schlange

Bibliografische Information der Deutschen Nationalbibliothek
Die Deutsche Nationalbibliothek verzeichnet diese Publikation in der
Deutschen Nationalbibliografie; detaillierte bibliografische Daten sind
im Internet über http://dnb.d-nb.de abrufbar.
© 2013 by opus magnum, Stuttgart (www.opus-magnum.de)
Version 1.01
Umschlaggestaltung, Grafik und Layout: Dr. Lutz Müller
Herstellung: Book on Demand GmbH., Norderstedt
Alle Rechte vorbehalten
ISBN: 978-3-939322-83-2

Friedrich Schröder

Die weiße Schlange

Annäherung an ein Ursymbol
in einem Märchen der Brüder Grimm

Eine tiefenpsychologische Interpretation

opus magnum

Dr. phil. Friedrich Schröder
Literaturwissenschaftler, Kulturhistoriker,
Erwachsenenpädagoge, Märchenforscher
und tiefenpsychologischer Interpret. Er lebt in Mannheim.

Bisherige Veröffentlichungen bei opus magnum:
Hänsel und Gretel
Die Nixe im Teich
Siddhartha – Suche nach Erleuchtung

Weitere Veröffentlichungen siehe
www.opus-magnum.de

Inhalt

Einleitung 7

1. Der Text des Märchen 9

2. Das Sinnbild der Schlange in Tiefenpsychologie,
   Symbol- und Märchenforschung 13

3. Literaturwissenschaftliche Einführung in das Märchen 27

4. Tiefenpsychologische Interpretation des Märchens 29

4.1.   Der König, der Held und die Schlange 29
4.2.   Der Held und die dankbaren Tiere 45
4.2.1. Der Held, die Fische und die Ameisen 51
4.2.2. Der Held und die Raben 58
4.3.   Der Held und die Königstochter 68
4.3.1. Die ersten beiden Aufgaben der Königstochter
       für den Helden 75
4.3.2. Der Apfel vom Baum des Lebens
       als dritte Aufgabe für den Helden 83
4.4.   Die Schlange, der Apfel und die Liebe 97

Anmerkungen 113

Literaturverzeichnis 127

Danksagung

Es gibt viele Menschen, die mich auf dem Weg der Fertigstellung dieses Buches mit geistiger, seelischer und praktischer Unterstützung begleitet haben. Ihnen danke ich an dieser Stelle ausdrücklich und sehr herzlich, ohne sie alle hier namentlich erwähnen zu können. Mein besonderer Dank gilt vor allem Herrn Dr. phil. Lutz Müller, der als Verleger die Veröffentlichung der Abhandlung ermöglicht hat, dann Herrn Dipl. Psych. Thomas Busse und Frau Simone Schmidt, die das Manuskript auf selbstlose Weise unermüdlich abgetippt haben, ebenso auch Herrn Gerhard Obermeier, der das fertige Typoskript zweimal durchgesehen und korrigiert hat, und schließlich Herrn Pfr. Dr. theol. Klaus von Zedtwitz, der mich in vielen Gesprächen zur Fortsetzung der Arbeit ermutigt hat.

Einleitung

Die Brüder Grimm nahmen in ihre Sammlung „Kinder- und Hausmärchen" (KHM) zwei Erzählungen auf, die das Ursymbol der Schlange im Titel erwähnen. In der Erstausgabe von 1812 erschien zuerst „Die weiße Schlange" als Nummer 17 und ab der zweiten Auflage von 1819 „Die drei Schlangenblätter" als Nummer 16 anstelle des Textes „Herr Fix und Fertig." Beide Märchen sind bis heute relativ unbekannt. Die Erzählung von 1819 erfuhr in den letzten Jahren einige ausführliche tiefenpsychologischen Deutungen. Hier reizte die Interpreten wohl die faszinierende Gestalt der ungetreuen Gattin. Zur Geschichte von 1812 liegen etliche kürzere Arbeiten mit unterschiedlichen methodischen Ansätzen, aber keine umfassende Auslegung vor. Zauberhafte und spannungsreiche Einzelaspekte gibt es auch in diesem Märchen. Aber die Tendenz zur Harmonisierung und Versöhnung der Gegensätze herrscht von Anfang an vor, so dass „Die weiße Schlange" in sich runder und geschlossener, damit aber auch auf den ersten Blick langweiliger als viele andere Märchen der Brüder Grimm erscheint.

Diesem oberflächlichen ersten Eindruck versucht die vorliegende Abhandlung durch einen umfassenden Ausgangspunkt entgegenzuwirken. Für den Verfasser dieser Studie ist das Sinnbild der Schlange so schillernd, geheimnisvoll, vielschichtig, ambivalent, tiefgehend und abgründig, dass es rational nie ganz erschlossen und verstanden werden kann. Man vermag sich ihm allenfalls anzunähern, es zu umschreiben und zu umkreisen. Selbst wenn man dabei eine Bedeutungsschicht nach der anderen abträgt, wird immer ein mysteriöser Rest oder Kern übrigbleiben, der nicht zu fassen und zu begreifen ist. Das Schlangensymbol bezieht sich selten konkret auf das Tier selbst, sondern meist auf dunkle, hintergründige Seiten der menschlichen Seele, die dem Ich-Bewusstsein oft verborgen und unbewusst sind.

Die erste Annäherung der vorliegenden Arbeit an dieses Thema beinhaltet zunächst einmal allgemeine Definitions- oder genauer

Umschreibungsversuche der Tiefenpsychologie im Umgang mit dem Sinnbild. Eine kurze literaturwissenschaftliche Einführung bildet die vermittelnde Brücke zur eigentlichen Deutung des Märchens „Die weiße Schlange." Zunächst wird dabei die Exposition der Handlung entwickelt. Dann stehen zwei Themenkomplexe im Zentrum der Untersuchung: einmal die Begegnung des Helden mit den dankbaren Tieren und danach seine Werbung um die stolze Königstochter. Der Höhe- und Endpunkt des Interpretationsganges besteht am Schluss in dem „waghalsigen" Versuch, den geheimnisvollen, umfassenden Zusammenhang der Symbole von Schlange, Baum und Apfel anzudeuten und auf die erlösende Liebe der beiden Hauptfiguren zu übertragen. Die Methode der hier angestrebten Auslegung des Märchens orientiert sich primär an der Analytischen Psychologie von C. G. Jung, bezieht aber auch Aspekte der Psychoanalyse, der Mythologie, der Religionswissenschaft, der Volkskunde und der Symbolgeschichte sehr stark in die Darstellung mit ein.

1. Der Text des Märchen

Es ist nun schon lange her, da lebte ein König dessen Weisheit im ganzen Lande berühmt war. Nichts blieb ihm unbekannt, und es war als ob ihm Nachricht von den verborgensten Dingen durch die Luft zugetragen würde. Er hatte aber eine seltsame Sitte. Jeden Mittag, wenn von der Tafel alles abgetragen und niemand mehr zugegen war, mußte ein vertrauter Diener noch eine Schüssel bringen. Sie war aber zugedeckt, und der Diener wußte selbst nicht was darin lag, und kein Mensch wußte es, denn der König deckte sie nicht eher auf und aß nicht davon bis er ganz allein war. Das hatte schon lange Zeit gedauert, da überkam eines Tages den Diener, als er die Schüssel wieder wegtrug, die Neugierde so heftig, daß er nicht widerstehen konnte, sondern die Schüssel in seine Kammer brachte. Er verschloß die Türe sorgfältig, hob den Deckel auf, und da sah er daß eine weiße Schlange darin lag. Bei ihrem Anblick konnte er die Lust nicht zurückhalten, sie zu kosten; er schnitt ein Stückchen davon ab, und steckte es in den Mund. Kaum aber hatte es seine Zunge berührt, so hörte er vor seinem Fenster ein seltsames Gewisper von feinen Stimmen. Er ging und horchte, da merkte er daß es die Sperlinge waren, die mit einander sprachen und sich allerlei erzählten, was sie im Felde und Walde gesehen hatten. Der Genuß der Schlange hatte ihm die Fähigkeit verliehen, die Sprache der Tiere zu verstehen.

Nun trug es sich zu, daß gerade an diesem Tage der Königin ihr schönster Ring fort kam, und auf den vertrauten Diener, der überall Zugang hatte, der Verdacht fiel er habe ihn gestohlen. Der König ließ ihn vor sich kommen, und drohte ihm unter heftigen Scheltworten wenn er bis Morgen den Täter nicht zu nennen wisse, so solle er dafür angesehen und gerichtet werden. Es half nichts daß er seine Unschuld beteuerte, er ward mit keinem bessern Bescheid entlassen. In seiner Unruhe und Angst ging er hinab auf den Hof, und bedachte, wie er sich aus seiner Not helfen könne. Da saßen die

Enten an einem fließenden Wasser friedlich nebeneinander, ruhten sich, putzten sich mit ihren Schnäbeln glatt, und hielten ein vertrauliches Gespräch. Der Diener blieb stehen und hörte ihnen zu. Sie erzählten sich wo sie heute Morgen all herumgewackelt wären, und was für gutes Futter sie gefunden hätten, da sagte eine verdrießlich „mir liegt etwas schwer im Magen, ich habe einen Ring, der unter der Königin Fenster lag, in der Hast mit hinunter geschluckt."

Da packte sie der Diener gleich beim Kragen, trug sie in die Küche, und sprach zum Koch „schlachte doch diese fette zuerst ab." „Ja", sagte der Koch, und wog sie in der Hand, „die hat schon lange darauf gewartet, und gibt einen guten Braten", und schnitt ihr den Hals ab. Und als sie ausgenommen wurde, so fand sich der Ring der Königin in ihrem Magen. Der Diener konnte nun leicht vor dem Könige seine Unschuld beweisen, und da dieser sein Unrecht wieder gut machen wollte, erlaubte er ihm sich eine Gnade auszubitten, und versprach ihm die größte Ehrenstelle, die er sich an seinem Hofe wünschte.

Der Diener schlug alles aus, und bat nur um ein Pferd und Reisegeld, denn er hatte Lust die Welt zu sehen, und eine Weile darin herum zu ziehen. Er machte sich auf den Weg und kam eines Tags zu einem Teich, da bemerkte er drei Fische, die sich im Rohr gefangen hatten, und nach Wasser schnappten. Da er die Tiersprache verstand, so hörte er wie sie klagten, daß sie so elend umkommen müßten. Weil er ein mitleidiges Herz hatte, so stieg er vom Pferde ab, und setzte die drei Gefangenen wieder ins Wasser. Sie zappelten vor Freude, und riefen ihrem Erretter zu „wir wollen dirs gedenken und dirs vergelten." Er ritt darauf weiter, und nach einem Weilchen kam es ihm vor als hörte er zu seinen Füßen in dem Sand eine Stimme. Er horchte und vernahm wie sich ein Ameisenkönig beklagte, „wenn uns nur die Menschen mit den plumpen Tieren vom Leib blieben! da tritt mir das ungeschickte Pferd mit seinen schweren Hufen meine Leute ohne Barmherzigkeit nieder!" Er lenkte auf einen Seitenweg ein, und der Ameisenkönig rief ihm zu „wir wollen dirs gedenken und dirs vergelten." Da führte ihn der Weg in einen Wald, und er sah zwei Rabeneltern, die standen bei ihrem Nest, und warfen ihre Jungen heraus. „Fort mit euch, ihr Galgenschwengel", riefen sie, „wir können euch nicht mehr satt machen, ihr seid groß genug und könnt euch selbst ernähren." Die armen Jungen lagen auf der Erde, flatterten und schlugen mit ihren Fittichen, und schrien „wir hilflosen Kinder, wir sollen uns ernähren, und können noch nicht fliegen! uns bleibt nichts übrig als hier Hungers zu sterben." Da stieg der gute Jüngling ab, tötete das Pferd mit seinem Degen, und überließ es den jungen Raben zum Futter. Die kamen herbeigehüpft, sättigten sich, und riefen „wir wollen dirs gedenken und dirs vergelten."

Er mußte jetzt zu Fuße weiter gehen, und als er lange Wege gegangen war, kam er in eine große Stadt. Da war großer Lärm und Gedränge in den Straßen, und kam einer zu Pferde, und machte bekannt, die Königstochter suche einen Gemahl, wer sich aber um sie bewerben wolle, der müsse eine schwere Aufgabe vollbringen, und könne er es nicht glücklich ausführen, so habe er sein Leben verwirkt. Viele hatten es schon versucht, aber vergeblich ihr Leben daran gesetzt. Der Jüngling, als er die Königstochter in ihrer großen Schönheit sah, vergaß alle Gefahr, trat vor den König, und meldete sich als Freier.

Er ward hinaus ans Meer geführt, und vor seinen Augen ein goldner Ring hineingeworfen; dann ward ihm aufgegeben, den Ring aus dem Grunde herauszuholen, und ihm gedroht, wenn er ohne ihn wieder in die Höhe käme, so würde er aufs neue hinabgestürzt, und müsse in den Wellen umkommen. Alle bedauerten den schönen Jüngling, und ließen ihn einsam am Meer zurück. Da stand er unentschlossen am Ufer, und überlegte was er wohl tun sollte, als er auf einmal drei Fische daher schwimmen sah, und es waren keine anderen, als jene, welchen er das Leben gerettet hatte. Der mittelste hielt eine Muschel im Munde, die er an den Strand zu Füßen des Jünglings hinlegte, und als dieser sie aufhob und öffnete, so lag der Goldring darin. Voll Freude brachte er ihn dem Könige, und erwartete daß er ihm dafür den verheißenen Lohn gewähren würde. Die stolze Königstochter aber, als sie vernahm, daß er ihr nicht ebenbürtig war, verschmähte ihn, und verlangte er solle erst eine zweite Aufgabe lösen. Sie ging hinab in den Garten, und streute selbst zehn Säcke voll Hirsen ins Gras. „Die muß er Morgen, eh die Sonne hervor kommt, aufgelesen haben", sprach sie, „und darf kein Körnchen fehlen." Vergeblich sann der Jüngling wie er diese Forderung erfüllen könnte, er saß traurig im Garten, und erwartete bei Anbruch des Morgens zum Tode geführt zu werden. Als aber die ersten Sonnenstrahlen in den Garten fielen, so sah er die zehn Säcke rund um gefüllt nebeneinander stehen, und kein Körnchen fehlte darin. Der Ameisenkönig war mit seinen viel tausend Ameisen in der Nacht herangekommen, und die dankbaren Tiere hatten den Hirsen mit großer Emsigkeit aufgelesen und in die Säcke gesammelt. Die Königstochter kam selbst in den Garten herab, und sah mit Verwunderung daß der Jüngling vollbracht hatte was ihm aufgegeben war. Aber sie konnte ihr stolzes Herz noch nicht bezwingen, und sprach „hat er auch die beiden Aufgaben gelöst, so soll er doch nicht eher mein Gemahl werden, bis er mir einen Apfel vom Baume des Lebens gebracht hat." Der Jüngling hätte aber niemals den Baum des Lebens gefunden, wenn die jungen Raben, um dankbar für ihre Erhaltung zu sein, sich seiner nicht angenommen hätten. Sie waren indessen groß geworden, und waren ihrem Erretter nachgezogen, und als sie hörten, was die Königstochter forderte, flogen sie zu dem Baume des Lebens, und einer brachte im Schnabel einen Apfel, den er in die Hand des Jünglings fallen ließ. Er überreichte ihn der schönen Jungfrau, und da auch die letzte Bedingung erfüllt war, so blieb keine Ausrede mehr übrig. Sie ward seine Gemahlin, und als der alte König starb, erhielt er die Krone, und da sie den Apfel von dem Baume des Lebens gegessen hatten, so erreichten sie in ungestörtem Glück ein hohes Alter. [1]

2. Das Sinnbild der Schlange in Tiefenpsychologie, Symbol- und Märchenforschung

Sigmund Freud äußert sich in seinem ersten Hauptwerk „Studien über Hysterie" von 1895 über die Schlange noch sehr vorsichtig nur im Zusammenhang mit den „primären Phobien des Menschen", die für ihn zu den „allgemein physiologischen Bedrohungen" gehören. Vor diesem Tier fürchte sich „jeder ein wenig", und daher sei diese Angst „übertrieben." In seinem epochalen zweiten Hauptwerk „Die Traumdeutung" von 1900 stellt Freud als Grundregel für die Trauminterpretation die Behauptung auf, dass „alle in die Länge reichenden Objekte [...] das männliche Glied vertreten" wollen. Nach seiner Auffassung bedeuten dabei wilde Tiere „in der Regel leidenschaftliche Triebe" und „dienen zur Darstellung der vom Ich gefürchteten, durch Verdrängung bekämpften Libido."

Nun spielen für ihn „von den Tieren, die in Mythologie und Folklore als Genitalsymbole verwendet werden, [...] mehrere auch im Traum diese Rolle." Neben Fisch, Schnecke, Katze und Maus ist hier „vor allem aber das bedeutsamste Symbol des männlichen Gliedes, die Schlange", gemeint. Freud wiederholt diese Definitionen oder Feststellungen noch einmal mehr oder weniger wörtlich in seinen „Vorlesungen zur Einführung der Psychoanalyse" von 1916/17. Dann erwähnt er in seiner Arbeit „Aus der Geschichte einer infantilen Neurose" von 1918 „Stücke von zerschnittenen" oder zerschlagenen Schlangen, die er „mit dem Gedanken an die Kastration" in Verbindung bringt. [2]

Franz Riklin wendet nun in seiner Abhandlung „Wunscherfüllung und Symbolik im Märchen" von 1908 Freuds Überlegungen auf Texte an. Für ihn können „in den mythologischen Erzählungen und Bräuchen" Tiere als „Vertreter der sexuellen Kraft" erscheinen. Die Schlange taucht in Träumen oft als „Symbol für das männliche

Genitale und die dadurch hervorgebrachte Frucht selbst" auf. Nach Riklins Auffassung ist dieser Zusammenhang im Märchen „Oda und die Schlange" aus der Sammlung von Ludwig Bechstein besonders „durchsichtig" und „einleuchtend." Hier ist die Schlange der verzauberte Märchenprinz und gewünschte Partner, speziell als Teil, der für das Ganze steht, „eine Pars des Mannes, nämlich das männliche Glied."

Géza Róheim findet in seiner zuerst auf Englisch erschienenen Studie über „Psychoanalyse und Anthropologie" von 1950 etliche Gründe, warum dieses Tier das sinnbildliche „Äquivalent zum Penis darstellt", betont aber auch ausdrücklich, dass nicht „alle Schlangensymbole notwendigerweise die Bedeutung des männlichen Geschlechtsorgans haben müssen." In der japanischen Folklore gibt es nach seiner Auffassung z.B. das Tier als Mann und auch als Frau. Für ihn ist in Australien „die aufgerichtete Schlange männlich", aber fressend stellt sie „ein vaginales oder uterines Symbol" dar. Eugen Drewermann erwähnt im psychoanalytischen Teil seiner „Strukturen des Bösen" von 1983 mehrmals die phallische Bedeutung des Tieres, sieht in ihm aber auch „eine Verkörperung des psychischen Dunkels" als ein „Bild des Unbewussten in seinem Kampf mit der Helle des Bewusstseins." [3]

Diese Interpretation bildet einen fast nahtlosen Übergang zur Position von C. G. Jung, der sich in seinen Schriften oft mit dem Symbol der Schlange auseinandersetzt. Zuerst tut er dies ausführlich in seinem ersten Hauptwerk „Symbole der Wandlung", das zuerst 1912 erscheint und 1952 in einer Neufassung nochmals publiziert wird. Hier knüpft Jung an Freud an, geht aber in entscheidenden Punkten weit über ihn hinaus. So gesteht er zwar der Schlange gelegentlich „phallische Bedeutung" zu, nennt sie aber häufiger auch „Symbol der Todesangst" und des Todes. In diesem Zusammenhang bezeichnet er das Tier „als Hüterin des Hortes" in der Höhle des Unbewussten. Damit wird für ihn „die Angst vor dem Mutterschoß des Todes" zur „Wächterin des Lebensschatzes" in den Tiefen der Seele.

Die Schlange hat nach Jung „eine paradoxe Natur." Einerseits ist sie als Lebewesen „ein Kaltblüter" und als solcher „unbewusst und unbezogen", andererseits aber schon in der Antike „das geistigste" von „allen Tieren." Sie erscheint zugleich „tödlich und heilkräftig", damit auch „gleicherweise ein Symbol des bösen und des guten Dämons [...], des Teufels und Christi." Vor allem betrachtet Jung das Tier als „treffliches Symbol des Unbewussten", das „dessen unerwartete, plötzliche Gegenwart, dessen peinliches oder gefährliches Dazwischentreten und dessen angsterregende Wirkung ausdrückt." Für ihn verkörpert sich diese Dimension der seelischen Tiefe „in Schlangengestalt, wenn das Bewusstsein vor der kompensierenden Tendenz des Unbewussten Furcht empfindet", was „bei Regression meistens der Fall" sei.

Dieses Tier ist nach Jung „der Vertreter der Instinktwelt" und personifiziert in Träumen „die Bedrohlichkeit" eines Konfliktes bzw. einer „Diskrepanz zwischen der Haltung des Bewusstseins" und „jener Lebensvorgänge, welche psychologisch am unerreichbarsten sind." Auch erscheint die Schlange „als ein Symbol jener regenerativen Kraft des Weizenkorns, das, in der Erde wie ein Leichnam begraben, zugleich ein erdbefruchtender Same ist." Jung bezeichnet die „unbewusste Weiblichkeit" des Mannes als Anima, die „bei Patienten häufig in der Gestalt der Schlange" auftrete. In Angsträumen drücke das Tier meist „eine abnorme Belebung des Unbewussten [...] und die damit verbundenen physiologischen [...] Symptome aus", die „nicht selten körperlichen Krankheiten" vorausgingen. [4]

Noch einmal äußert sich Jung ähnlich ausführlich über die Schlange in seinem Spätwerk „Aion. Beiträge zur Symbolik des Selbst" von 1951. Hier bedeutet das Reptil „ein Äquivalent des Fisches." Beide Tiere sind für Jung beliebte Sinnbilder „zur Bezeichnung von psychischen Bewegungen oder Erlebnissen, die überraschend, erschreckend oder erlösend aus dem Unbewussten auftauchen." Sie seien auch „oft durch das Motiv der hilfreichen Tiere ausgedrückt." Die Schlange verweist nach Jungs Auffassung auf „die Angst vor allem Unmenschlichen" und zugleich auf die „Ehr-Furcht vor dem Erhabenen", repräsentiert daher „Niederstes und Teufel", aber auch „Höchstes, Gottessohn, Logos." Für ihn bildet das „Zentrum" der Psyche eine „objektive Ganzheit", die sich „durch vielerlei Namen und Symbole [...] wie Fisch, Schlange" etc. kennzeichnet und die in der Analytischen Psychologie „das Selbst" genannt wird.

Das Reptil entspricht nach Jung „dem gänzlich Unbewussten und Bewusstseinsunfähigen", das jedoch „als kollektives Unbewusstes und als Instinkt eine eigentümliche Weisheit und ein oft übernatürliches Wissen zu besitzen scheint." Dies sei „der Schatz, den die Schlange" hüte. Ihre „Unbezogenheit, Kälte und Gefährlichkeit drücken die Triebhaftigkeit aus", die „rücksichtslos, grausam und unerbittlich" sowie „erschreckend und faszinierend" wirke. Daher ist für Jung dieses kaltblütige Tier „das häufigste Symbol für die dunkle, chthonische Triebwelt", daneben aber auch ein Sinnbild „der Weisheit und mithin des Lichten, Guten und Heilsamen." Die erdhafte und zugleich „geistige" Schlange stelle daher „das Heilende sowohl wie das Verderbliche" dar. [5]

Erich Neumann gibt der Symbolik des Tieres in seinem ersten Hauptwerk „Ursprungsgeschichte des Bewusstseins" von 1949 noch eine historische Dimension. Er stellt an den Anfang der Menschheitsentwicklung als erstes mythologisches Stadium das altägyptische Sinnbild des Uroboros. Dieser repräsentiert „die Kreisschlange", den „Ur-Drachen" des Beginns, „der sich in den Schwanz beißt" und „in sich selber zeugt." Es ist „die Zeit des Daseins im Paradies", d.h. „vor der Geburt des Ich." Das nächste Stadium der Bewusstseinsgeschichte bildet die Große Mutter. Hier ist „die Schlange Begleiterin des Weiblichen" und „Symbol des befruchtenden Phallus." Aber sie repräsentiert auch zugleich „die uroborische Gestalt der urältesten Muttergöttin [...] als Herrin der Erde, der Tiefe und der Unterwelt." Wenn diese „Magna Mater" ihre menschliche Erscheinungsform angenommen hat, tritt der männliche Teil des „Ur-Drachen" als schlangenhafter „Phallus-Dämon" selbstständig neben sie als „Rest der ursprünglich doppelgeschlechtlichen Natur des Uroboros."

Neumann behandelt die Symbolik des Tieres auch in seinem zweiten Hauptwerk „Die Große Mutter" von 1956. Hier deuten „die Bilder der Frau mit der Schlange" meist auf die „Beziehung des Weiblichen zum Zeugend-Männlichen" hin. Das „uroborisch-zwitterige Wesen des Schlangensymbols" lässt das Tier ebenso oft als feminin erscheinen wie als maskulin. So ist es zum Beispiel in Kreta und Indien „Attribut der weiblichen Gottheit, gleichzeitig der männlich-phallische Begleiter" dieser Großen Mutter. In seinem Aufsatz „Die Bedeutung des Erdarchetyps für die Neuzeit" von 1953 ergänzt Neumann diese Ausführungen und interpretiert darin das Reptil als ein zweideutiges, „uraltes Symbol des Geistes." Mit dem Erscheinen „des Erdarchetyps der Großen Mutter" tauche „auch ihr Begleiter auf, die Große Schlange", die „der Geist der Erde" sei. Dieses „die Tiefe belebende Geistprinzip" kann nach Neumann „phallisch" als Sinnbild „der Sexualität" verstanden werden, was aber nur einer einzigen „der unendlichen Möglichkeiten und Wirklichkeiten der Deutung" entspreche. Der moderne Mensch erfahre den gefährlichen Aspekt „dieses Schlangengeistes der Erde" traditionsgemäß häufig „noch in der Gestalt des Teufels." Neumann sieht in Christus die „Heils-" und im Satan die „Unheilsschlange" und überträgt „diesen zweideutigen Charakter" des Erdgeistes auch auf das „Wesen des Archetyps der Erde selber." [6]

Hedwig von Beit geht im ersten Band ihrer „Symbolik des Märchens" mehrfach auf das Sinnbild des Reptils ein. Für sie bedeutet die Schlange vor allem „die animalische Lebenskraft" und „den dunklen Instinkt." Bezüglich des Menschen hat sie einen einerseits fördernden, andererseits hemmenden Aspekt. Entweder repräsentiert sie „in vielen Lebenssituationen die rettende Weisheit" oder „das schwere weibliche Erdprinzip", das die Aktivität des Helden lähme. Daher steht oft am Anfang der heroischen Laufbahn die Überwindung des Tieres. Nach Hedwig von Beit weist die Schlange eine „Verwandtschaft mit dem Teufel" auf und stellt „die mit dem Körperlich-Erdhaften zusammenhängenden Seelenregungen" dar. Sie bedeute „die Unterwelt, das Chthonische, das Angsterregende,

Triebhafte und die dunkle Mutter." Als „guter Dämon" stehe sie „in Beziehung zum Sonnensystem." Geflügelt ist sie „ein Bild des Helios" und „die schöpferische Bringerin neuer Bewusstheit." Die Interpretin Hedwig von Beit deutet das Tier psychologisch als Symbol „für die Sphäre der psychophysischen Reaktionen" und für den ambivalenten, „sich mit der Materie verbindenden" Bereich des Unbewussten, wodurch es „oft als das Böse schlechthin aufgefasst" werde. Doch das Märchen betone „gerne die Weisheit der Natur" und schildere daher das Reptil „als Hüterin und Geberin der gesuchten Kostbarkeit oder des zu erlösenden Geheimnisses."

Agnes Gutter widmet in ihrem Buch „Märchen und Märe" von 1968 dem Schlangensymbol sogar ein ganzes Kapitel. Dabei betont sie vor allem dessen „Gegensatzspannung." Denn das Tier zeige „sich freundlich und gerecht, aber auch zerstörend und verschlingend." In der Sage erscheine es gefügig, dankbar, ja geradezu zivilisiert. So sieht Gutter die Schlange „als Belohnende und Strafende, als magisch Begabte, Unerreichbares Spendende", aber auch „als Teufelswesen", das „falsch" sei und „als Verführerin" wirke. Für die Autorin tritt das Reptil einerseits hinsichtlich seiner „Symbolbeziehung zu Gott [...] auch als Sonnentier auf", verkörpert aber andererseits sinnbildlich einen „dem Ursprünglichen, Anfänglichen und Erdhaften" sehr nahen „Zustand der Primitivität" und „Unbewusstheit", der mit der „Mutter Erde" in Verbindung stehe und das Tier „heidnisch und nächtlich" erscheinen lasse.[7]

Jolande Jacobi beschäftigt sich in ihrem Buch „Komplex, Archetypus, Symbol in der Psychologie C. G. Jungs" von 1957 am Ende ihrer theoretischen Erörterungen auch mit dem konkreten Symbol der Schlange, die sie „als die Personifikation des Instinkthaften, des Triebhaften in seinem noch kollektiv-unpersönlichen, vormenschlichen und unheimlichen Aspekt" ansieht. Nach Jacobi gilt das Tier für das lichtfeindliche „Sinnbild des Sexuellen in seinem ‚dunklen Drange'." Jung gebe ihm dabei „eine chthonisch-weibliche Bedeutung" und setze es „daher zugleich mit dem Werdenden, dem Schöpferischen in Beziehung." Das Reptil symbolisiere auch „den zu verwandelnden Ausgangsstoff" und „das instinkthafte Unbewusste überhaupt, das durch einen langsamen Entwicklungsvorgang vergeistigt und veredelt werden" solle.

In Aniela Jaffés Abhandlung „Bilder und Symbole aus E.T.A. Hoffmanns Märchen „Der goldne Topf" von 1950 besitzt die Schlange „ein im Verhältnis zum Kopf übermäßig stark ausgebildetes Rückenmarksystem" und verkörpert als Sinnbild in Traum oder Literatur „das Wirken und Leben der [...] niederen Trieb- und Funktionszentren, die dem regulierenden Bewusstsein nicht unterstellt" seien. Die Romantiker Schubert und Kerner nennen nach Jaffé das Gebiet der „gesamten Sinnlichkeit" und Leiblichkeit sowie des Gangliensystems „die Riesenschlange" oder „das Tier im Menschen." [8]

Emma Jung sieht in ihrem Aufsatz „Die Anima als Naturwesen" das Reptil als Verkörperung einer primitiven und chthonischen Weiblichkeit und als „ein Bild vormenschlicher, undifferenzierter Libido", die ihr Mann Carl Gustav im Gegensatz zu Freud als allgemeine psychische Energie versteht. Dann erwähnt sie auch Beispiele eines „ausgesprochenen Anima-Charakters" der Schlange. Dieses Seelenbild stellt nach ihrer Auffassung „die weibliche Persönlichkeitskomponente des Mannes" oder auch die archetypische Gestalt der Frau im maskulinen Unbewussten dar.

Hedwig von Beit und Aniela Jaffé gehen in ihren Werken auch auf diese Zusammenhänge ein. Im Märchen erscheint die Schlange häufig „als eine tief im Unbewussten befangene Vorform der Anima in Menschengestalt." Solange das weibliche Seelenbild „vom bewussten Leben ausgeschlossen im Unbewussten" des Mannes verharrt, besitzt es „nicht-menschliche, tierisch-dämonische Qualität" und nimmt in Märchen und Mythen oft Schlangengestalt an. Aber in Träumen – wie zum Beispiel bei Patienten von C. G. Jung – oder in Dichtungen – wie etwa in der Erzählung „Der Goldne Topf" von E.T.A. Hoffmann – kann die Anima in dieser Tierform nach dem verbindenden weiblichen Erosprinzip eine persönliche Beziehung zum Mann herstellen und damit zwischen „dem Bewusstsein und der Welt des Unbewussten" vermitteln. [9]

In der allgemeinen Symbolforschung wird das Sinnbild der Schlange als äußerst komplex, vieldeutig, ambivalent und universell bezeichnet. Das Tier hat bei allen Kulturvölkern eine wichtige Stellung im Mythos und bei Naturvölkern auch im Brauchtum. Es gilt als Symbol des Todes wie des Lebens, gefürchtet und gehasst, zugleich aber auch verehrt. Die Schlange kann männlich oder weiblich sein, aus einem Geschlechtsakt oder aus sich selbst entstanden sein. Als ein Tier, das tötet, repräsentiert sie Tod und Zerstörung; als eines, das periodisch seine Haut erneuert, bedeutet sie Leben und Auferstehung. Zu allen Zeiten und bei allen Völkern wurde sie als dämonisches Wesen gefürchtet, aber auch als glückbringende Verkörperung des häuslichen Schutzgeistes geliebt. Als ein Wesen, das sowohl solare als auch chthonische Aspekte in sich trägt, kann sie zwischen Himmel, Wasser, Erde und Unterwelt vermitteln.

In vielen Ländern ist sie ein Sinnbild für verborgenes, endloses Leben aus der Tiefe, wobei ihre Häutung als Wiedergeburt gilt. Sie manifestiert ursprüngliche Instinktnatur und Kraft in jeder Hinsicht, steht auch allgemein für die Lebensenergie und stellt damit eine Verbindung zur Heilkunst her. Auch erscheint sie aus einem kosmologischen Blickwinkel als personifizierte Schicksalsmacht und als Urozean, von dem alles ausgeht und in den alles zurückkehrt. So vermag sie das uranfängliche, undifferenzierte Chaos darzustellen, aber auch als mütterlicher Urgrund die Welt erhaltend zu tragen und sie als Uroboros schützend zu umkreisen. Außerdem repräsentiert sie in Tiergestalt das Böse, den Teufel und die Hexe, aber auch Verstorbene allgemein oder die menschliche Seele überhaupt, tritt auch als Wächter des Totenreiches, Wasserdämon, Fruchtbarkeitsprinzip und Weisheitssymbol in Erscheinung und verkündet im Bereich der Wahrsagekunst gemäß ihrer Doppelnatur sowohl Glück als auch Unglück. [10]

Der rumänische Religionswissenschaftler und Kulturphilosoph Mircea Eliade interpretiert die Schlange in seinem Buch „Die Religionen und das Heilige" von 1954 vor allem als Sinnbild und „Vergegenwärtigung" des Mondes. Für ihn gibt es dabei die „zentrale Idee", dass dieses Tier „unsterblich" ist, weil es sich regeneriere, was „eine lunarische Fähigkeit" sei. So gewähre es Fruchtbarkeit, Prophetie und ewiges Leben. Viele Völker glaubten etwa, dass der Mond „als eine Art Don Juan" sich in Gestalt „einer Schlange mit ihren Frauen" vereinige und sie danach wieder verlasse. Nach orientalischen Vorstellungen habe das jugendliche Mädchen „die erste geschlechtliche Berührung während der Pubertät oder [...] Menstruation" mit einem Vertreter dieses Reptils. Daher werde die Schlange durch ihren phallischen Charakter oft als Ursache der weiblichen Regel angesehen und verfolgt, weil sie „an dem Übel schuld" sei.

Eliade sieht als sehr wichtige Wertigkeit des Tieres seine „Regeneration" an, worunter er versteht, dass es sich „verwandelt." Dies treffe auch auf den Mond und die mit ihm substanzverwandte Gestalt der „Mutter Erde" zu. Als Attribut dieser Großen Göttin bewahre „die Schlange ihren lunarischen Charakter" der zyklischen Erneuerung, aber in Verbindung mit tellurischen Zügen. Das Reptil wird dabei nach Eliades Auffassung „zum eigentlichen Totentier, das die Seelen der Toten verkörpert", und tritt als solches auch „in den Initiationszeremonien" auf. Außerdem findet sich die Schlange für den Religionswissenschaftler „immer in der Nähe eines Wassers" oder beherrscht es. Auf diese Weise sei sie ein Schutzgeist „der Quellen des Lebens, der Unsterblichkeit, der Heiligkeit, ebenso aller Symbole der Fruchtbarkeit, des Heroismus", des ewigen Lebens und der „Schätze." Auch bewache sie alle Wege zu diesen Zentren als den Orten, wo „das Heilige" oder „die wahre Substanz" konzentriert sei. Nach Eliade schützt sie dadurch alle Sinnbilder der Erde und des Meeres, die „das Heilige" verkörpern, „das Macht, Leben und Allwissenheit verleiht." [11]

Der Schlange steht symbolisch vor allem der Drache nahe. Beide sind nicht eindeutig zu trennen, besonders wenn es um die Motive des Kampfes und der Tötung geht. Oft scheinen sie austauschbar zu sein, und im Fernen Osten wird kaum oder selten ein Unterschied zwischen ihnen gemacht. Der Drache tritt häufig als ins Grauenhaft-Groteske gesteigerte, meist geflügelte Schlange auf, die den Wolkendämon der Finsternis repräsentiert und Schätze bewacht. Er vereinigt so in sich Schlange und Vogel als Symbole für Materie und Geist. Ursprünglich war er als Sinnbild der Wohltätigkeit eine Manifestation der lebenspendenden Wasser und des Lebensatems. Doch dann wurde er in den abendländischen Mythen und Märchen mit Leere, Abgrund, Tiefe, Chaos und Dunkelheit sowie mit Gift, Feuer und Tod verbunden. Darin ist er der Inbegriff alles Finsteren und Feindseligen, das überwunden werden muss, um Schätze, Weisheit oder Liebe zu erringen. So erscheint er als Symbol einer urtümlichen negativen Macht, einer alten furchtbaren Mutter und entwicklungsfeindlichen Tendenz in den tiefsten Schichten der Seele.

Im Christentum wird der Drache mit der „alten Schlange", dem Teufel, dem Versucher und Feind Gottes gleichgesetzt und verkörpert das Böse an sich, Verheerung und Zerstörung, Heidentum und Ketzerei. Dagegen verehrt ihn der Orient im Allgemeinen als gütige, himmlische Macht. Der Ferne Osten macht ihn zum Sinnbild der Fruchtbarkeit, der Schöpferkraft, der Langlebigkeit, des Glücks, der Stärke und Weisheit. China lässt ihn gar die höchste geistige Macht, das Übernatürliche und die Unendlichkeit, das göttliche Gesetz des Wandels, den Rhythmus der Natur, die Lehre vom Werden, Himmel und Sonne, Licht und Leben verkörpern. [12]

Der Frosch weist im phallischen Sinn starke symbolische Bezüge zur Schlange auf. Die Märchen „Der Froschkönig oder der eiserne Heinrich" von den Brüdern Grimm und „Oda und die Schlange" von Bechstein besitzen in ihren Handlungsverläufen auffallende Parallelen. Außerdem wird in russischen, polnischen, schottischen und norddeutschen Varianten der Frosch als Tierbräutigam durch die Schlange ersetzt. Bezeichnenderweise hat die holsteinische Fassung des „Froschkönig"-Märchens den Titel: „Ode un de Slang." Die Psychoanalyse sieht sich durch diese Befunde in ihrer Grundauffassung bestätigt und interpretiert die Tiere in diesen Texten eindeutig nur als Penissymbole. Daran knüpft die feministische Matriarchatsforschung an und deutet den Frosch bei den Brüdern Grimm in die riesige Urweltschlange um, die im Brunnen der Unterwelt auf die junge Nachfolgerin der ältesten Schöpfergöttin wartet, um mit ihr als Partnerin die seit Beginn der Mythologie periodisch stattfindende „Heilige Hochzeit" zu feiern. Der Erbprinzessin sei dieser Liebesakt vom Schicksal bestimmt, damit durch ihn das ganze Land zu neuer Fruchtbarkeit erweckt werde.

Doch erst das Christentum und der mit ihm zusammenhängende Volksglaube verengten und beschränkten das Bild des Frosches nur auf Geschlechtsvorgänge. Ursprünglich gehörte das Tier zum Reich der Frau Holle, die bei den alten Germanen die umfassende Göttin des Lebens und Todes war. Die Kelten sahen in ihm den Herrn der Erde, der über die Macht der Heilwasser gebot. Auch galt der Frosch als Attribut der ägyptischen Isis und der griechischen Aphrodite. Er war ebenso dem Mond zugeordnet und brachte dem ausgetrockneten Land den dringend benötigten Regen. So steht er neben Erotik auch für Fruchtbarkeit und Schöpferkraft der Natur. Als einer, der aus dem Wasser steigt, bedeutet er auch Wandlung, Erneuerung und Auferstehung des Lebens. Das christliche Mittelalter machte aus diesem Begleiter der Frau Holle einen Diener des Teufels und der Hexen, einen verabscheuenswerten Aspekt der Sünde, einen reinen Vertreter weltlicher Freuden und Repräsentanten negativer Eigenschaften wie Neid und Geiz. Das Schicksal der Dämonisierung teilte er so auch sinnbildlich mit den anderen bereits erwähnten Tieren. [13]

Auch die Symbolik von Kröte und Schlange geht an manchen Punkten fließend ineinander über. Dies zeigt sich besonders an der volkstümlichen Bezeichnung „Unke", die aus der Verschmelzung von drei Wörtern beruht, wovon zwei „Kröte", aber eines, nämlich althochdeutsch „unc", „Schlange" bedeuten. Letztere Form war auch mit lateinisch „anguis" = „Schlange" verwandt und hielt sich bis ins 17. Jahrhundert. Erst gegen Ende des 18. Jahrhunderts setzte sich die andere Wortkomponente überwiegend durch und machte damit aus der „Unke" weitgehend die „Kröte." Nur im Hessischen existierte im 19. Jahrhundert noch die alte Bedeutung auf gewisse Weise, weil dort unter „Unke" eine „Ringelnatter" verstanden wurde, die gerne Milch trank. Die Brüder Grimm zeichneten hier 1813 „Das Märchen von der Unke" auf, das in ihrer „KHM"-Sammlung die Nummer 105a trägt. Die Geschichte geht auf alte mittel- und nordeuropäische Sagen zurück, nach denen die Kinder in Bauernhäusern mit den Schlangen aus einer Schüssel aßen und tranken. Diese Tiere galten darin als häusliche Schutzgeister, denen niemand etwas antun durfte. Wenn sie gemäß den Überlieferungen mit Speise und Milch gefüttert werden, bringen sie Glück und Wohlstand und wehren Unheil ab. Aber wer sie tötet, bewirkt Tod und Unglück in der Familie.

Im „Märchen von der Unke" gedeiht das Kind prächtig, solange es mit dem Tier zusammen ist. Jedoch magert es ab und stirbt, nachdem die Unke von der Mutter erschlagen worden ist. Die Ringelnatter bedeutet hier die Vitalkraft und Lebensenergie des jungen Menschen, die er zu seinem Wachstum braucht und deren Verlust unweigerlich zu seinem Tod führt. Allgemein spielte die Unke als Kröte wie als Schlange mit ihrer Unheimlichkeit und Ekelhaftigkeit im Aberglauben schon sehr früh eine große Rolle. Bei den Kelten galt sie etwa als Verkörperung der bösen Macht. Im Christentum kann die Kröte eine verwunschene Hexe, den Teufel und den Tod repräsentieren, aber auch neben der Mutter Gottes auftauchen und Auferstehung symbolisieren. Als Tier, das zum Bereich der Frau Holle gehört, stellt sie auch ein Sinnbild der Fruchtbarkeit, der Veränderung und des sich aus innerstem Gesetz wandelnden Schicksals dar. [14]

Mit Frosch und Kröte schließt sich nun auch der Kreis der Umschreibungs- und Umschreitungsversuche, sich an das doppelgeschlechtliche, doppel- und vieldeutige Schlangensymbol anzunähern. Man könnte natürlich noch viel mehr Vergleiche und Parallelen anführen, die aber vielleicht nichts wesentlich Neues mehr bringen, sondern nur die bisher erwähnten Bedeutungsschichten nur quantitativ erweitern würden. In diesem Einleitungskapitel ist sicher nicht alles, aber hoffentlich das Wichtigste zusammengetragen worden, was sich auf wenigen Seiten über das Sinnbild des Reptils sagen lässt. Nun muss die ausführliche Interpretation des Märchens von der „Weißen Schlange" zu einer qualitativ neuen, tieferen Dimension der Behandlung des Themas überleiten.

3. Literaturwissenschaftliche Einführung in das Märchen

Im Herbst 1812 erzählte die damals zwölfjährige Amelie Hassenpflug das Märchen von dem jungen Mann, der die Sprache der Tiere lernt und von dankbaren Fischen, Ameisen und Raben Hilfe erhält, um eine schöne und stolze Königstochter zur Frau zu gewinnen. Die Geschichte wurde 1812 in die Erstausgabe der Grimmschen „Kinder- und Hausmärchen" als KHM Nr. 17 aufgenommen, für die Auflage von 1819 stilistisch hie und da geändert und mit der Bezeichnung „Aus dem Hanauischen" versehen; denn von dort aus war die Familie Hassenpflug 1799 nach Kassel gekommen. Im Verzeichnis von Märchentypen, das Antti Aarne und Stith Thompson unter dem Titel „The Types of the Folktale" veröffentlichten und dessen letzte Ausgabe 1961 in Helsinki erschien, wird der erste Teil des oben kurz skizzierten Märchens als eigener Erzähltyp geführt, der den Titel „The White Serpent's Flesh" oder „Das Fleisch der weißem Schlange" trägt und die Nummer AaTh 673 hat. Sein Inhalt besitzt folgende Grundform:

Trotz vorheriger Warnung kostet der Held vom Fleisch einer weißen Schlange und versteht die Tiersprache. Mit ihrer Hilfe kann er einen verlorenen Ring wiederfinden, von dem behauptet worden war, er habe ihn gestohlen, woraufhin er belohnt wird.

In Sagen endet die Geschichte tragisch, so etwa die von den Brüdern Grimm 1816 im ersten Teil ihrer „Deutschen Sagen" veröffentlichte Erzählung Nr. 131, die mit „Seeburger See" betitelt ist. Hier wird der Diener, der vom verbotenen Fleisch gegessen hat, von seinem Herrn getötet. Die Märchenfassung besitzt dagegen einen positiven Schluss. Der Erzähltyp AaTh 673 wurde vor allem in Mittel- und Osteuropa aufgezeichnet, daneben in Schottland, Irland, Skandinavien und im Baltikum, vereinzelt auch außerhalb Europas.[15]

Der zweite Teil von KHM 17 erscheint bei Antti Aarne und Stith Thompson als selbstständiger Erzähltyp, der unter dem Titel „Dankbare Tiere" die Nummer AaTh 554 besitzt und eine zweiteilige Struktur aufweist:

a) Ein Held auf Wanderschaft trifft in drei kurzen Szenen auf drei Tiere in Not. Er befreit sie aus ihrer heiklen Lage, und sie versprechen ihm dafür Hilfe, falls er ihrer bedarf.

b) Im späteren Verlauf seiner Wanderschaft verliebt sich der Held in eine Prinzessin, deren Vater ihm drei undurchführbare Aufgaben stellt. Er löst sie an drei aufeinanderfolgenden Tagen, wobei ihm jeweils eines der dankbaren Tiere hilft, und gewinnt die Prinzessin zur Frau.

Das Märchen „Die weiße Schlange" als KHM 17 besteht also insgesamt aus der Verbindung der beiden Erzähltypen AaTh 673 und AaTh 554. Die Brüder Grimm nahmen in ihre Sammlung noch eine andere Geschichte auf, die das Motiv der dankbaren Tiere in reinerer Form nochmals aufgreift und als KHM 62 den Titel „Die Bienenkönigin" trägt. AaTh 554 ist in der oben dargestellten Grundfassung von Indien bis Westeuropa mit Ausnahme der Britischen Inseln bekannt und belegt. Die ältesten schriftlichen Belege stammen aus dem Nahen Osten; so erzählt der Perser Nahsabi 1330 eine Geschichte von dankbaren Tieren. Eine erste europäische Version erscheint in Georg Messerschmidts Gedicht „Vom edlen Ritter Brisonetto" von 1559. Hier treten Ameise, Ente und Biene als Helfer auf, und später erweist sich die gleiche Kombination auch in KHM 62 als dankbar. Überhaupt vermehren und erweitern sich Tiergeschichten und Tierfabeln besonders im 15. und 16. Jahrhundert und bilden die historische Grundlage für ähnliche Erzählungen in den Märchensammlungen des 19. Jahrhunderts, also auch für „Die weiße Schlange" bei den Brüdern Grimm.[16]

4. Tiefenpsychologische Interpretation des Märchens

4.1. Der König, der Held und die Schlange

Die erste Gestalt, die im Märchen erwähnt wird, ist ein König. Im allgemeinen Sinn verkörpert dieser das männliche Prinzip, unumschränkte Herrschergewalt, personifizierte Vollendung in der zeitlichen Welt und insofern die höchste Instanz, d.h. die Spitze der Sozialutopie, die das Märchen ausdrückt. Dabei wird er zum Symbol des väterlichen Hüters und Anwalt der Weltordnung. Idealerweise regiert er sein Land und Volk in Gerechtigkeit und Frieden. Äußerlich repräsentiert er Macht, Einfluss und Reichtum, innerlich aber Höherentwicklung, Reifung und Selbstbeherrschung des Menschen. Bei den Germanen galt er als kraftgeladener und sakraler Vertreter der Fruchtbarkeit, der die Fähigkeit besaß, geistige Energien hervorzubringen, die verwandelnd auf die Dinge einwirkten.

Tiefenpsychologisch ist er ein Bild der göttlichen Sonne, ein Symbol des Bewusstseins und dessen Herrschaft sowie ein Archetyp der Bewusstheit schlechthin. Er verkörpert die lichte Kraft, die ursprünglich die Entstehung des Ich-Gefühls bewirkt hat. Alles, was an seinem Hof geschieht, wird zum Sinnbild des verklärten, erlösten und in seinem Wert erhöhten Innenlebens. Auf einer primitiveren Kulturstufe war der König Symbol göttlicher Macht. In der Übertragung auf eine psychische Ebene bedeutet dies, dass in seiner glanzvollen Sphäre alle Ereignisse den Charakter des Gesetzmäßigen und Archetypischen tragen. [17]

Nun besitzt der König im Märchen eine Weisheit, die „im ganzen Lande berühmt war." Damit verkörpert er auf gewisse Weise das Urbild des alten Weisen, der nach C. G. Jung „die chaotischen Dunkelheiten des bloßen Lebens mit dem Lichte des Sinnes durchdringt" und als „ein unsterblicher Dämon" und „Führer der Seelen", als „der Erleuchtende, der Lehrer und Meister" erscheint. Dieser Archetyp wirkt als Vaterbild und dunkle Kraft des unsichtbar in der Tiefe des Unbewussten waltenden Sinnes und Schicksals. Am häufigsten tritt er als alter Mann, aber gelegentlich auch als Zwerg oder entsprechendes Tier auf, das vor allem die Gestalt eines Fuchses oder Raben annimmt. Auf diese Art zeigt er sich besonders in verzweifelten Situationen, in denen nur Einsicht, Verständnis, guter Rat und glücklicher Einfall aus der Not befreien können.

So stellt der alte Weise nach Jung „einerseits Wissen, Erkenntnis, Überlegung", Geist und Intuition, „andererseits aber auch moralische Eigenschaften wie Wohlwollen und Hilfsbereitschaft" dar. Jedoch besitzt er auch negative Züge und inszeniert etwa ärgerliche Zwischenfälle, mit denen er auf Umwegen die Einsicht des Helden fördert und diesen seinem Ziel näher bringt. Etliche der erwähnten Aspekte dieses Archetyps treffen auf den König der Erzählung zu und entfalten sich im weiteren Verlauf des Geschehens. Weise sein und entsprechend herrschen, heißt im Märchen nun zunächst einmal, auf die Stimmen des natürlichen Lebensraumes zu horchen, sie zu verstehen und nach deren Botschaft zu handeln. [18]

Der Text umschreibt diese „berühmte" Fähigkeit des Königs durch die Erläuterung, dass ihm „nichts [...] unbekannt" blieb und anscheinend „ihm Nachricht von den verborgensten Dingen durch die Luft zugetragen" wurde. Dieses Bild erinnert an Odin, den höchsten Gott der germanischen Mythologie. Auf seinen Schultern saßen die beiden Raben Hugin (= der Gedanke) und Munin (= die Erinnerung), die täglich ausflogen, um die Welt zu erkunden. Abends raunten sie ihm ins Ohr, was sie gehört und gesehen hatten. So erfuhr Odin von den Ereignissen der Welt und hieß von daher auch „Rabengott" oder „Rabenerforscher." Der schwarze Vogel, den er aussandte, wirkte immer als Schicksalsbringer, als Sieges- oder Todesbote.

Der skandinavische Odin hieß in seiner südgermanischen Variante Wotan, der „Wutherr", und war der Entfessler der Leidenschaften und der Kampfbegier, der Herr über die brausenden Stürme, aber auch über die sanften Winde, die schon zu allen Zeiten als Sinnbild des Geistes und Träger des höheren Denkens galten. In dieser Funktion wanderte Odin/Wotan durch die Welt und betätigte sich als alter Weiser, indem er in Märchen und Mythen abenteuerlustigen, aber ratlosen Helden den richtigen Weg zeigte, sie mit Hilfsmitteln versah und ihnen Kraft und Selbstvertrauen schenkte.[19]

In der Erzählung lässt sich nun der König „jeden Mittag" nach dem Essen „noch eine Schüssel bringen", die „aber zugedeckt" war, und „kein Mensch wusste", was „darin lag." Das Gefäß enthält offensichtlich das Geheimnis seiner Weisheit und seines Wissens „von den verborgensten Dingen." Man kannte und praktizierte von der Antike über das ganze Mittelalter vereinzelt noch bis ins 19. Jahrhundert den Schüsselzauber mit Wasserschau zur Aufhellung und Auffindung unbekannter Umstände und Dinge sowie zur Weissagung bei verschiedenen Anlässen wie zum Beispiel Hochzeiten. Nach abergläubischer Vorstellung bedeutet eine Schüssel Wasser das weibliche empfangende Prinzip und Fruchtbarkeit.

Ganz allgemein ist das Gefäß ein Sinnbild für die menschlichen Möglichkeiten des Aufnehmens, Enthaltens, Bewahrens, Wandelns und Nährens und drückt symbolisch den Körper der Frau aus. Im übertragenen Sinn stehen Schüssel, Schale, Becher, Kelch und Krug für den Schoß des Archetyps der Großen Mutter. Das Gefäß verkörpert auch Intro- oder Zentroversion und damit verbundene innere Werte. Bei den Alchemisten trägt es in sich die Gegensätze, die verewigt und umgewandelt werden sollen. Alte matriarchale Kulte brachten es mit Bildern der Großen Göttin und ihrer Schlange in Verbindung. Im Märchen taucht damit ein Kernsymbol des Weiblichen auf, das vom höchsten männlichen Repräsentanten für die Ausübung seiner Weisheit gebraucht und benutzt wird.[20]

Die Vermittlung zwischen König und Schüssel übernimmt nun „ein vertrauter Diener", der das Gefäß dem Herrscher „jeden Mittag" bringen muss, aber dessen Geheimnis auch nicht kennt, weil dieser damit immer „ganz allein" sein will. Die neue männliche Gestalt wird jetzt Träger der weiteren Handlung bis zum Ende und damit die Hauptfigur des Märchens, die im ersten Teil der Erzählung „Diener" und im zweiten Abschnitt „Jüngling" genannt wird. Psychoanalytisch spielt der Held die Rolle des Ich, das sich gegen den Vater auflehnt, den es allerdings am Anfang der Geschichte real nicht gibt. Hier handelt es sich nur um einen weisen König und einen einfachen Diener, der nicht im Sohnverhältnis zum Herrscher steht.

In der Psychologie von C. G. Jung ist der Held mit dem Ich-Bewusstsein identisch, das in Übereinstimmung mit dem Selbst, dem zentralen Archetyp, funktioniert und sich auf die „Große Fahrt" begibt, um die abenteuerliche Suche nach der „schwer erreichbaren Kostbarkeit", dem Symbol dieses Selbst, auf sich zu nehmen. Die Heroen stellen nach Jung meist Wanderer dar, und ihr Weg ist ein Sinnbild des Individuationsprozesses mit all den Herausforderungen, Konflikten und Erfahrungen, die mit dem Leben und seiner seelischen Reifung verbunden sind. Oft sucht der Held einfach nur Abenteuer und will dabei ganz allgemein sein Glück finden. Erlebt er auf seiner Wanderung einerseits Leiden und Gefahren, erhält er andererseits aber auch Hilfe oft in Gestalt dankbarer Tiere. [21]

Nun besteht in der Erzählung ein bestimmtes Tabu. Dieses Wort ist ein polynesischer Begriff und bedeutet etwas Verbotenes, Unantastbares, Geheiligtes, wovon man nicht sprechen darf. Es bezeichnet alle jene gottgeweihten Dinge, die aus religiöser Scheu dem Zugriff des Profanen entzogen sind. Dazu können etwa das Berühren einer Sache, das Anschauen eines Rituals oder das Essen einer Speise gehören. Das Tabu im Märchen besagt, dass kein Mensch den König beim Aufdecken der Schüssel beobachten und wissen darf, was sich darin befindet. Der Diener hat dieses Verbot „schon lange Zeit" eingehalten, missachtet es aber „eines Tages", als ihn „die Neugierde so heftig" überkommt, dass „er nicht widerstehen" kann. Der Held zeigt sich damit als Gesetzesbrecher und „Umwegwesen", das von Neugier und Ungehorsam bestimmt wird.

Im Märchen hat der Tabubruch allgemein eine befreiende, emanzipierende Wirkung und erweist sich letztlich als „glückliche Schuld", die den Menschen zu höherer Entwicklung und Reife führt. Denn der Ungehorsam gegen die Natur dient der Bewusstwerdung im Sinne der Unterscheidung des Ich vom Unbewussten und ist notwendig zur Überwindung der Gebundenheit an die mütterliche Welt der seelischen Tiefen. Der Diener wird also unterschwellig von dem naturgewollten Wunsch nach persönlichem Wachstum und innerer Selbstständigkeit angetrieben und muss unter Einsatz seines Lebens die Tabuzone als Ausdruck von Verdrängtem durchbrechen, um die Inhalte und Werte freizusetzen, die von der herrschenden Kultur in Gestalt des Königs abgeschlossen und abgespalten werden. [22]

Zunächst bringt nun der Neugierige „die Schüssel in seine Kammer", hebt dann „den Deckel auf" und sieht „eine weiße Schlange darin" liegen. Hier taucht das Tier, das dem Märchen den Titel gibt, zum ersten und letzten Mal im Verlauf der Handlung auf, bildet aber jetzt den Dreh- und Angelpunkt aller weiteren Geschehnisse. Eine Vielschichtigkeit verschiedener Bedeutungsebenen dieses Reptils ergibt sich schon aus der Betrachtung von dessen Farbe. „Weiß" besitzt eine ausgesprochen ambivalente Symbolik. Es kann z.B. einerseits Reinheit, Unschuld, Glück, Licht, Erleuchtung, Schönheit und Vollkommenheit repräsentieren, aber auch Tod, Kälte, Krankheit, Askese und Kasteiung bedeuten. Es enthält die Vereinigung aller polaren Gegensätze, so etwa von Anfang und Ende, Ursprung und Ziel, Fülle und Leere, und drückt damit das Absolute und die über allen Polaritäten stehende Erkenntnis der Sophia als Verkörperung höchster Weisheit aus.

Nach alten matriarchalen Vorstellungen war der Tod weiß wie Knochen und erschien in der Gestalt einer entsprechend aussehenden großen Frau. Auf diese Weise trat die prähistorische Große Göttin als Zerstörerin und Erneuerin des Lebens auf und symbolisierte so den Archetyp der Großen Mutter oder Magna Mater, der in Märchen und Sagen Namen wie Frau Holle, Frau Perchta oder Baba Jaga annehmen kann. „Weiß" wird hier zur Farbe des magischen Reiches, der Unterwelt und damit des Unbewussten, dessen durchdringende klare geistige Kraft es dann versinnbildlicht. Es herrscht in der Tiefe von Frau Holles Schneesphäre und im Abgrund der Wasser des germanischen Urdbrunnens vor. Als Symbol des Anfangs steht es auch für Initiation, als Repräsentation des Endes wird es im Totenkult verwendet. Außerdem sind in alten vorchristlichen Riten die Opfertiere meist weiß, wirken so Übel abwehrend und gelten wegen dieses apotropäischen Charakters ihrer Farbe als die natürlichen Feinde der bösen Geister. [23]

Das grimmsche Märchen steht im gewissen Gegensatz zur Sage vom Schlangenbann. Dieser Erzähltyp trägt den Titel „Expelling Snakes" und hat die Nummer AaTh 672 B*. Er ist schwerpunktmäßig im Alpenraum, in Skandinavien und in den Ostseeländern verbreitet und besitzt als Sage folgende Grundform:

Ein zauberkundiger Mann bietet sich an, ein Dorf von seiner Schlangenplage zu befreien. Dann errichtet er in einem Bannkreis einen Scheiterhaufen und zwingt durch das Spielen eines magischen Musikinstrumentes alle Reptilien der ganzen Umgegend in das Feuer, in dem sie verbrennen. Zuletzt ertönt von weitem ein greller Pfiff, und eine riesige weiße Schlange fliegt durch die Luft heran. Sie tötet vor Wut den Banner, kommt aber selbst auch in den Flammen um. Seitdem gibt es im Dorf keines dieser Tiere mehr.

In den meisten Varianten dieser Sage wird die weiße Schlange als männliches Reptil aufgefasst. Sie erscheint als Schlangenkönig, der sich durch seine Farbe, sein hohes Alter, seine Zauber- und Kampfkraft von seinen Artgenossen unterscheidet, diese als eine Form des „Herrn der Tiere" beschützt und ihren Tod rächt. Durch seine Charaktereigenschaften besitzt der weiße Schlangenkönig einige Gemeinsamkeiten mit Odin/Wotan, der nicht nur voller Wut und Leidenschaft im Schlachtenlärm tobt, sondern auch den Dichtern und Musikern die schöpferische Inspiration eingibt. Der höchste germanische Gott verwandelte sich sogar in eine Schlange, um dem Riesen Suttung den Skaldenmet zu rauben und diesen den anderen Asengöttern und den Menschen zu schenken, die poetisch oder kompositorisch tätig waren. Damit weist der Reptilienherrscher auch einige dunkle Züge des archetypischen alten Weisen auf. Einige wenige Varianten der Sage betonen das weibliche Geschlecht der weißen Schlange, machen sie entsprechend zur Königin und „Herrin der Tiere", die dann das Urbild der Großen Mutter repräsentiert. [24]

Die Titelgestalt von KHM 17 dürfte am ehesten in diesem letzteren Sinne interpretiert werden. Sie liegt tot in der Schüssel und dient dem König als Speise zur Erlangung seiner Weisheit. Der Diener vollzieht nun konsequent den letzten Schritt des Tabubruchs, isst „ein Stückchen" von der weißen Schlange und erhält dadurch die Fähigkeit, „die Sprache der Tiere zu verstehen." Tiefenpsychologisch bedeutet Essen „In-sich-Aufnehmen", „Sich-Einverleiben" von im Unbewussten oder in der Außenwelt projiziert erscheinenden Kräften. Im alten Ägypten aß ein toter Pharao nach seiner Ankunft im Himmel „die Weisheit jedes Gottes." Ebenso wurde dort der Name für Schlange regional tabuisiert, weil sie als sakrales Symbol der Macht des Königs galt, dessen Kraftfülle stillschweigend verehrt und noch nicht einmal durch banales Benennen angetastet werden sollte. Das Speiseopfer verkörperte bei den alten heidnischen Völkern direkt oder zumindest sinnbildlich die Gottheit, deren Energie sich dann auf den Menschen übertrug, quasi nach der homöopathischen Vorstellung: „Was man isst, das ist man." [25]

Die Analytische Psychologie fasst nun die weiße Schlange hier im Märchen als Verkörperung des Archetyps der Magna Mater auf. Nach dieser Interpretation bedeutet dann der Übergang vom Essen des Reptils zum Verstehen der Tiersprachen auf der inneren Ebene, dass sich in der Seele des Mannes das Bild der konkreten Mutter allmählich wandelt, immer mehr einen größeren Inhalt des kollektiven Unbewussten umfasst und so zur Quelle eines überlegenen Wissens wird. Auf diese Weise vereinigt sich der König im Märchen täglich mit der Schlange, die ihm die Weisheit aus den tiefen Schichten der Psyche bringt. Dies geschieht meist in einer Phase, in der das Bewusstsein herabgesetzt und man offen für Ahnungen, Visionen und Prophezeiungen ist. Die weiße Schlange steht symbolisch für den Schnee und die Stille des Winters, d.h. für die Ruhe eines inneren Zustandes, aus der heraus vereinzelte Menschen in der Christnacht früher Wunder schauen konnten.

Im übertragenen Sinn gilt Ähnliches für das antike Orakel von Delphi, das ursprünglich von der Schlange Python bewacht, aber später von dem jungen Apollo übernommen wurde, nachdem dieser das Reptil getötet hatte. Im Heiligtum stieg nun die Energie des Gottes in Form von Dämpfen aus der Erde heraus und ergriff die Priesterin Pythia, die in Ekstase ihre Weissagungen verkündete. So wurde die Schlange lange Zeit als heiliges Tier der „Mutter Erde" verehrt, das die Sprache der Göttin Natur zu verstehen lehrt, deren Heilkraft und Weisheit vermittelt und insofern mit dem ältesten auch ein neues, vertieftes Wissen erschließt. Die Erkenntnis, die durch den Genuss des immer wieder nachwachsenden Schlangenfleisches erlangt wird, bringt dem Essenden das Verständnis der Natur und ihres Archetyps der Magna Mater bis in ihre noch so leisen Äußerungen hinein, die Teilnahme am großen – äußeren wie inneren – Dialog des Lebens und das Vertrautwerden mit dem fruchtbaren, schöpferischen Urgrund.[26]

Der Beginn des Märchens von der weißen Schlange besitzt eine Parallele in der griechischen Mythologie. Der Seher Melampos erhielt in einer Sage seine Berufung auf eine vergleichbare Weise wie der Diener des berühmten Königs. Er war der erste Sterbliche, dem prophetische Schau verliehen wurde. Vor seinem Haus stand eine Eiche mit einem Schlangennest. Seine Diener töteten die Tiere, die Melampos würdig bestattete. Er rettete auch ihre Jungen vor dem Tod und zog sie auf. Als diese später herangewachsen waren, leckten sie ihm mit ihren Zungen die Ohren aus, während er schlief. Seitdem konnte er die Sprache der Vögel verstehen und daraus den Menschen die Zukunft vorhersagen.

Hier taucht in Gestalt der dankbaren Schlangen ein Motiv auf, das im weiteren Verlauf der Märchenhandlung immer entscheidender die Geschehnisse und damit den Weg des Helden prägen wird. Am Ufer des Flusses Alpheios traf Melampos übrigens den

Gott Apollo, der ihn lehrte, aus den Eingeweiden der Opfertiere zu prophezeien. So wurde er der beste Seher seiner Zeit. Auch Kassandra und Helenos erhielten die Gabe der Weissagung, indem ihnen Schlangen die Ohren reinigten und die Kenntnis der Tiersprache verliehen. Wichtig ist in diesem Zusammenhang, dass es in den Sagen von Melampos und seiner Nachfolger um eine schicksalhafte Berufung geht, die das weitere Leben des Menschen vorrangig bestimmt. Am Rande sei noch erwähnt, dass der Rabe Apollo genau so ein heiliges Tier wie Odin/Wotan war. Der Bezug dieses Vogels zur Schlange wird sich in der weiteren Interpretation immer mehr verdichten. [27]

Neben der griechischen Mythologie hat der zitierte Märchenanfang eine zusätzliche Parallele im Schamanismus der nord- und zentralasiatischen Völker. Dieser geht auf eine sehr alte Tradition der Ekstasetechnik zurück und nimmt nach C. G. Jung auf archaischer Stufe die Symbolik des alchemistischen und tiefenpsychologischen Individuationsprozesses vorweg. Der Schamane bildet als religiöser Mittler zwischen Diesseits und Jenseits das geistige Zentrum eines Clans oder Dorfes und ist dort vor allem als Heiler, Medizinmann, Seelengeleiter, Priester, Prophet, Mystiker, Dichter und Bewahrer der heiligen Mythen, manchmal sogar auch als militärischer Führer tätig. Im Laufe seiner „Ausbildung", welche die Form einer Initiation besitzt, muss er die Sprache der Tiere, besonders diejenige der Vögel, erlernen, die er später bei den Sitzungen zum Verkehr mit den Geistern benutzt. Damit erlangt er symbolisch Zugang zur transzendenten Realität, d.h. zum Himmel und zum Jenseits.

Die Sprache der Vögel lernt der Schamane nach allgemeinen Vorstellungen zu verstehen, indem er von einem als magisch geltenden Tier wie der Schlange ein Stück isst. Dabei wird das Reptil als lunarisches Wesen aufgefasst, das unter der Erde lebt, die Geister der Toten verkörpert und Epiphanien von Göttern darstellt. Daher traut man der Schlange zu, alle Geheimnisse zu kennen, die Quelle der Weisheit zu bilden und in die Zukunft zu schauen. Dieser Glaube findet sich bei vielen Völkern und hat sich auch in der Gelehrtentradition bewahrt. In der germanischen Mythologie ist Odin/Wotan der „schreckliche Herrscher" und „große Zauberer", der seine beiden Raben auf schamanische Art zu den vier Enden der Welt schickt. Bei dieser Deutung wären Hugin und Munin dann zwei „Hilfsgeister" ihres Herrn in Vogelgestalt und auch Seelenführer, die zwischen Himmel und Erde, Diesseits und Jenseits vermitteln würden. Zum „großen Schamanen" Odin/Wotan passt übrigens auch gut seine Fähigkeit, nach Belieben seine Gestalt zu wechseln und sich etwa in eine Schlange oder einen Vogel zu verwandeln. Damit schließt sich der Kreis um den Bedeutungszusammenhang von asiatischem Schamanismus, nordischem Mythos und deutschem Märchen. [28]

Eine dritte Parallele zum Anfang von KHM 17 ergibt sich, wenn man zum Vergleich die neugriechische Erzählung „Der Königssohn und der Bartlose" heranzieht, die Johann Georg von Hahn in seine Sammlung „Griechische und albanesische Märchen" von 1864 aufgenommen hat und die aus dem Dorf Cagori stammt. Darin gibt der Prinz als Held der Geschichte auf den Rat eines alten lahmen Pferdes einem blinden Drachen „drei Stücke Rinderfett" zu fressen und macht ihn dadurch wieder sehend. Zum Dank verschluckt das geheilte Tier den Königssohn und lehrt „ihm in seinem Bauch die Thiersprache." Als darin der junge Mann „ausgelernt" hat, speit es „ihn wieder aus."

Die folkloristische Märchenforschung deutet diesen Vorgang als Ritus, der während der Initiation ausgeführt wurde. Dabei aß der einzuweihende Jüngling entweder ein Stück des Drachen bzw. der Schlange oder wurde von diesem Tier verschlungen und später wieder ausgespien. Daraufhin erhielt er magische Fähigkeiten wie prophetisches Wissen und Kenntnis der Tier- und speziell der Vogelsprache. Von Initiation wird bei Pubertätsriten, Eintritt in einen Geheimbund und Berufung eines Schamanen gesprochen, die hier wohl vor allem gemeint sein dürfte. Als Niederschlag dieser Vorstellung erscheint in Märchen und Mythen einerseits das Motiv des Tiersprachenerwerbs, andererseits das Symbol der Edelsteine, die sich im Kopf oder Bauch des Drachen befinden. [29]

C. G. Jung nennt diesen Zusammenhang „Jona-Walfisch-Komplex, der viele Varianten hat." Dabei bezieht er sich auf die biblische Geschichte des erwähnten Propheten und ihre Deutung durch Paracelsus und Eliezer Ben Hyrcanus. Jona wurde darin von einem Walfisch verschlungen und nach drei Tagen wieder ausgespien. Er erlebte durch Gottes Macht dabei ein inneres Wandlungsmysterium, das durch die Vision einer Perle im Bauch des Fisches erfolgt.

Für Jung liegt in der Dunkelheit des Unbewussten ein Schatz als" schwer erreichbare Kostbarkeit" verborgen, die der Mensch im Individuationsprozess suchen muss. Im Laufe dieser Selbstwerdung wird der Patient bzw. „Initiand" zum „Helden", der den Abstieg in die Welt des Unbewussten auf sich nimmt und damit das Abenteuer der sog. „Nachtmeerfahrt" wagt, deren „Ziel und Ende die Wiederherstellung des Lebens, die Auferstehung und die Todüberwindung" sei. Nach Jung ist die von ihm durchgeführte „Analyse" des kollektiven Unbewussten „der einzig noch lebendige und praktisch verwendete Initiationsprozess in der abendländischen Kultursphäre." [30]

Die drei angeführten Parallelen zu KHM 17 zeigen von ihren unterschiedlichen Perspektiven aus, dass der Märchenheld vom Schicksal zu einem besonderen Entwicklungsweg berufen ist. Dabei dürfte nicht so wichtig sein, ob man das Ziel dieser Suchwanderung Seher, Schamane oder individuierter Mensch nennt. Am Anfang dieser Reise zum Schatz des Selbst steht jedenfalls durch den Erwerb der Tiersprache, den eine Verkörperung der Großen Mutter in Gestalt der weißen Schlange vermittelt hat, die Einweihung des Helden in die Geheimnisse des Kosmos und des Unbewussten, d.h. auch in die Weisheit der äußeren und inneren Natur. Akustischer Ausdruck dieser Initiation ist nun, dass der junge Diener des Königs „vor seinem Fenster ein seltsames Gewisper von feinen Stimmen" hört, die von Sperlingen stammen. Diese erzählen „sich allerlei", was sie „im Felde und Walde gesehen" haben. Mehr wird von ihnen nicht erwähnt.

Für den weiteren Verlauf der Handlung besitzen die Spatzen keine Bedeutung mehr. Trotzdem weisen sie in ihrer Symbolik eine gewisse Ambivalenz auf, von der auch alle anderen, im Märchen später auftauchenden Tiere geprägt sind. Eine bestimmte Etymologie bezeichnet den Sperling als „jungen, kleinen Vogel." Die Christen leiteten daraus Niedrigkeit und Bedeutungslosigkeit dieses Tieres ab, die Araber machten aus ihm den Seelenvogel von Kindern. Noch eine andere Wortableitung nennt den Spatzen auch einen „kleinen Zappler", was einerseits Liebe und Zärtlichkeit, andererseits Geilheit und Wolllust ausdrückt. In diesen beiden Aspekten war er mythologisch auch der Aphrodite heilig. Nach antiken Fabeln standen Sperling und Schlange sich feindlich gegenüber, im thüringischen Aberglauben wurden beide von Jägern gleichzeitig als Reinigungsmittel für verderbte Rohre benutzt. Analog zur weißen Schlange, die im Märchen für die Initiation des Helden steht, gibt es in der Volksfrömmigkeit auch einen weißen Sperling, der als unheilverkündendes Vorzeichen oder gar als Todesbote gilt.

Im Christentum wird der Spatz einerseits zum Geschöpf und Attribut des Teufels, das Christus verraten habe und von diesem verflucht worden sei, andererseits zum Begleiter des kleinen Jesus, der dann vom erwachsenen Gottessohn ausdrücklich unter den Schutz seines Vaters gestellt wurde. Der Sperling hat außerdem auch deshalb keinen guten Ruf, weil er alle Geheimnisse ausplaudert und von Dächern schreit. Aber er wurde seit alters her als „wissendes Tier" betrachtet, das die Zukunft voraussahen und daher auch prophezeien konnte. In der schon erwähnten grimmschen „Deutschen Sage" Nr. 131 vom „Seeburger See" gehören die Spatzen auch zu den redenden Tieren, die den Untergang des Schlosses als Strafe für die Sünden des Grafen Isang ansagen. Im Bereich der seelischen Tiefe kann der „kleine Zappler" schließlich zum Symbol für das Gewissen und die innere Stimme des Menschen werden. [31]

Die Erzählung nimmt nun ihren Fortgang, indem beiläufig erwähnt wird, dass der König eine Ehefrau hat. Normalerweise erscheinen in den Märchen Königinnen meist als Mütter oder Stiefmütter, die vorzugsweise Probleme mit Kindern haben und durch diese sogar determiniert sind. In dieser Funktion verkörpern sie dann auf einer archetypischen Ebene das weibliche Prinzip, das mit dem Urbild der Großen Mutter gleichgesetzt wird, und versinnbildlichen dadurch zusammen mit ihren Ehemännern die höchste Stufe menschlichen Daseins. Beide repräsentieren psychoanalytisch als Paar die Instanz der Eltern und des Über-Ich. Doch die Königin spielt sonst im KHM 17 keine Rolle mehr, und von Kindern ist überhaupt keine Rede. Nach C. G. Jung dürfte sie nur die passiv-weibliche Seite des Königs und damit dessen Anima darstellen, die schwach ausgeprägt ist und bloß einen, allerdings problematischen Zug besitzt.[32]

Denn „gerade an diesem Tage", an dem der Diener die Fähigkeit erlangt, „die Sprache der Tiere zu verstehen", kommt „der Königin ihr schönster Ring" fort. Dieses Schmuckstück ist für sich genommen der gestaltgewordene Kreis ohne Anfang und Ende und versinnbildlicht kosmische Vollendung und entsprechendes spirituelles Wissen. Die alten Germanen bezeichneten einen solchen Ring oder Reif als „heilag", d.h. „mit Kraft gefüllt." Im Mittelalter und in der Renaissance schrieb man ihm besondere apotropäische, Übel abwehrende Energien zu. Dafür erhielt er bei der Herstellung oft die Form einer Schlange. Manche Erzählungen berichten von diebischen Raben, die Ringe stehlen, aber von Geistlichen dann gezwungen werden, das Geraubte wieder zurückzubringen.

Ein Fingerreif wurde damals zum Schutz vor dem Teufel, dämonischen Geistern, bösen Lüsten und schweren Krankheiten sowie nach der Infizierung auch zur Heilung getragen. Auch war er Zeichen von Macht und Herrschaft und verlieh mystische und magische Kraft. In Sagen und Mythen bildet er Teil des Schatzes, der von einem höheren Wesen geschmiedet wurde, macht hellsehend, gelehrt und unverletzbar, erregt Liebe und bringt Glück, verzaubert und entzaubert. Als Spender erscheinen oft Geister, Zwerge, Kröten oder Schlangen. Der Ring repräsentiert außerdem das Sinnbild von Liebe und Ehe und verkörpert dabei den Grundwert der Treue. Denn der Bestand des gesetzlich geregelten Verhältnisses von Mann und Frau ist an den Besitz dieses Symbols gebunden, dessen Verlust innerhalb der Ehe Trennung, Unglück oder Tod bedeuten kann.

Tiefenpsychologisch ist der Ring ein Symbol für Verbindungen und Beziehungen und steht damit in Zusammenhang mit dem weiblichen Prinzip des Eros. Die Einheit von Leib und Seele, Bewusstsein und Unbewusstem, Helden-Ich und Anima wird in diesem Sinnbild ausgedrückt. Seine Kreisform macht ihn zu einem Mandala und rückt ihn damit in die Nähe der psychischen Ganzheitsdimension des Selbst. Nach C. G. Jung ist das „Runde", das im Ring Gestalt annimmt, „recht eigentlich jener große Schatz, der in der Höhle des Unbewussten verborgen liegt", und deutet damit die „schwer erreichbare Kostbarkeit" an, die das Ziel der Suchwanderung des Helden darstellt und dessen Ich „wie ein größerer Kreis den kleineren" einbegreift. [33]

Durch das Verschwinden des Ringes verliert der alte Weise die direkte Verbindung zum Selbst. So ist sein Bezug zur Anima geschwächt, und seine Vereinigung mit der Großen Mutter scheint höchst gefährdet. Der König wird dadurch in seiner Erkenntnis- und Einsichtsfähigkeit beeinträchtigt und damit seiner Weisheit beraubt. Er wirkt nur noch aus dem Geist des Gesetzes heraus und vertritt – einseitig und blind geworden – bloß noch die autoritäre Gewissensinstanz. Der Verlust des Ringes fällt zeitlich mit dem Tabubruch durch den Diener und dem Beginn von dessen Initiation zusammen.

Von ferne deutet sich hier zum ersten Mal die Ablösung des Alten durch das Neue in Gestalt des jungen Dieners an. Aber dem König fallen in dieser Situation nur Drohungen „unter heftigen Scheltworten" ein, und er setzt seinen bisherigen Vertrauten mit dem Hinweis auf die Todesstrafe absolut unter Druck. Nun ist der Diener zwar von „Unruhe und Angst" erfüllt, ergreift aber keine hektischen, übereifrigen Aktivitäten, sondern hält inne, bedenkt sich, bleibt stehen und hört zu. Er ist ganz bei sich, in sich zentriert und so im Gegensatz zum König mit seinem Selbst direkt verbunden. [34]

In dieser nach innen gerichteten Haltung begegnet der Held im Märchen dem nächsten Tier, das für seine Initiation wichtiger als der Sperling ist: der Ente. Auch sie besitzt eine ambivalente Symbolik. Einerseits taucht sie im Bereich der Hexe auf und steht für Oberflächlichkeit, Geschwätzigkeit und Nichtigkeit. Andererseits ist sie als Attribut der Frau Holle und der Isis ein Bild der Großen Muttergottheit. Mit ihren ausgeprägten Füßen weist sie eine starke Erdverbundenheit auf. In Griechenland gilt sie als heiliges Tier der Aphrodite und gehört damit auch zur Sphäre der Liebe, Schönheit und Fruchtbarkeit. Außerdem kann sie prophezeien und Glück bringen. Als Vermittlerin zwischen Himmel und Wasser, Diesseits und Jenseits, Bewusstsein und Unbewusstem hat sie auch einen Bezug zu den Dimensionen der Unsterblichkeit, der Realität und der Tiefe. Sie vermag als Begleittier der Seele zu dienen, die ihrerseits auch Entengestalt annehmen kann. Im christlichen Bereich erscheint sie im Umkreis der Heiligen Brigitta von Kildare, die als Patronin von Irland verehrt wird.

Das griechische Wort für den kleinen Schwimmvogel heißt „penelops" und verweist auf die treue Gattin des Odysseus, die im Mythos zum Inbegriff von Ergebenheit und zur Verkörperung der reinen Seele wurde. Nach einer etymologischen Sage retteten Enten Penelopeia, nachdem ihr Mann seinen Rivalen Palamedes im griechischen Heerlager durch eine Intrige zu Tode gebracht hatte und seine Frau danach zur Buße ins Meer geworfen worden war. In Zaubermärchen treten Enten oft als dankbare und hilfreiche Tiere auf, die verlorene Gegenstände aus dem Wasser holen. In der „Deutschen Sage" Nr. 131 vom „Seeburger See" sprechen sie zusammen mit den Sperlingen untereinander vom „ruchlosen Leben und entsetzlichen Frevel" des Grafen Isang und repräsentieren damit dessen unterdrückte humane Gewissensinstanz.[35]

Hier in der Erzählung zeigt die Ente auf den ersten Blick nur ihre negative Seite und erscheint oberflächlich, geschwätzig und dumm, weil sie den Ring der Königin „in der Hast mit hinuntergeschluckt" hat, ihre Fehlleistung auch gedankenlos ausplaudert und damit ihr eigenes Todesurteil spricht. Damit steht sie für die ungeläuterten menschlichen Sinne, die in der Gefahr schweben, sich in Veräußerlichung zu verlieren. Doch der Diener weiß instinktiv sofort, was er tun muss, packt die „Delinquentin" beim Kragen und übergibt sie in der Küche dem Koch, der sie gleich schlachtet und in ihrem Magen das Schmuckstück seiner Herrin findet. Dieser Teil der Handlung stellt eine seltene Version der Geschichte vom Ring im Bauch eines Fisches dar, der selbst den Fingerreif aus Dankbarkeit aus dem Meer geholt hat, was als Erweis eines göttlichen Wunders dient.

In zahlreichen Legenden fungiert der wiedergefundene Ring als Zeichen der Heiligkeit oder auch der Vergebung für eine Schuld. Er steht auch im Mittelpunkt des Erzähltyps AaTh 736A, der die zuerst von Herodot berichtete Schicksalssage über den Tyrannen Polykrates behandelt. Darin hängt am Schmuckstück eine Art Fluch, der am Ende auf den Besitzer zurückfällt. Doch im Märchen erscheint das Motiv vom Ring im Entenmagen als Vorform oder rudimentäre Variante des von Jung beschriebenen „Jona-Walfisch-Komplexes." Der Diener findet im Schmuckstück schon einen Schimmer oder Abglanz der „schwer erreichbaren Kostbarkeit" des Selbst und erreicht damit eine erste wichtige Etappe seiner Suchwanderung. Voraussetzung dafür war die Initiation in die Kenntnis der Tiersprache, die durch die weiße Schlange vermittelt wurde. Wie diese schon von Beginn an Opfer des Individuationsprozesses war, muss dies auch im weiteren Verlauf die Ente werden.

Durch diese Gewalttat lernt der Diener im Zeichen des männlichen Logos-Prinzips der Unterscheidung, seine zur Veräußerlichung drängenden Sinne einzuordnen und in sich zu integrieren, damit aber auch sich von der Bindung an den König zu lösen. Dies geschieht durch einen Akt der Reflexion und Bewusstwerdung, der dem Helden ein Stück innere Freiheit und Autonomie gibt. Hier erhält die Ente eine letztlich positive Funktion für den Heilsweg des Dieners. Sie hat auch in mittelalterlichen Erzählungen ein selbstständiges Verhältnis zum Opfer, das sie bejaht und selbst in ihrer eigenen Familie vollzieht. Im grimmschen Märchen „Die schwarze und die weiße Braut" wird ihr der Kopf abgeschlagen und dadurch die Verzauberung wieder rückgängig gemacht, indem sich das Tier in das „schönste Mädchen" verwandelt. [36]

4.2. Der Held und die dankbaren Tiere

Der König gewinnt ansatzweise einen Teil seiner Weisheit zurück, indem er „sein Unrecht" einsieht und „wieder gut machen" will, versteht aber dabei seinen Diener nicht von innen her und verbleibt nur auf der äußeren Ebene, wenn er ihm „die größte Ehrenstelle" anbietet, welche dieser „sich an seinem Hofe" wünsche. Doch den Helden des Märchens hält nach seiner Initiation nichts mehr bei diesem König, der von seinem seelischen Zentrum weitgehend abgeschnitten ist, und sucht nun unbewusst die „schwer erreichbare Kostbarkeit" des Selbst in der „Welt", die er „Lust" hat, „zu sehen", um „eine Weile darin herumzuziehen."

Dazu bittet er seinen ehemaligen Herrn „um ein Pferd." Dieses ist das dritte Tier, mit dem er nach seiner Einweihung zu tun hat und das im weiteren Verlauf der Handlung ebenso wie Schlange und Ente geopfert wird. Es besitzt eine zutiefst ambivalente Symbolik, die in ihrer ganzen Bandbreite nur relativ kurz angedeutet werden kann. Einmal ist es in seiner weiblichen Erscheinungsform frühgeschichtlichen Erdgöttinnen zugeordnet, die zuerst in Gestalt einer Stute verehrt und später als Reiterinnen dargestellt wurden. Bei den Kelten sind hier vor allem Epona und Rhiannon, aber auch Medb und Macha zu nennen. In der vorklassischen Zeit Griechenlands war das Pferd der dreifaltigen Mondgöttin geweiht, deren verschiedene Aspekte durch Namen wie Artemis, Demeter und Hekate ihren Ausdruck fanden. Diese Göttinnen wurden manchmal mit einem Pferdekopf abgebildet. Aber auch die indische Kali, die germanische Holle/Hel und die nordischen Walküren ritten auf den Tieren, die dadurch Muttersymbole voller elementarer, fruchtbarer Weiblichkeit repräsentierten.

Bei den indoeuropäischen Völkern hatte das Pferd jedoch vor allem männliche Bedeutung und war die ursprüngliche Erscheinungsform des Gottes, der lediglich die menschliche Verkörperung eines ehemaligen tierischen Dämons in Gestalt des Hengstes bildete. Die klassische Periode Griechenlands verehrte in dieser

Hinsicht besonders Poseidon, der sich gern in das Tier verwandelte, um Demeter zu vergewaltigen. Aber auch Helios und Hades hatten mit Pferden zu tun. In Indien waren dies Surya, Indra und Vishnu. Die Germanen sahen in diesem Zusammenhang vor allem Odin/Wotan, der das achtbeinige Schlachtross Sleipnir besaß und als „wilder Jäger" der Führer des Totenheers war. So kam das Pferd auch symbolisch mit dem Tod in Verbindung. Im Christentum wurde aus dem nordischen Gott der Teufel mit dem Pferdefuß und aus Holle/Hel die Hexe, die sich gerne in die Gestalt des Tieres verwandelte. [37]

Das Pferd steht dem Menschen besonders nahe sowohl in seinen positiven wie seinen negativen Aspekten. Wer es einmal für sich gewonnen hat, dem ist es treu ergeben. In historischen und mythischen Überlieferungen besteht eine innere Freundschaft zwischen dem Helden und seinem Reittier. Letzterem werden Charaktereigenschaften des Mutes und der Freiheitsliebe, aber auch menschliche Gefühle wie Zuneigung und Trauer zugesprochen. Außerdem besitzt das Pferd die Gabe der Prophezeiung, verkündet dabei Unheil oder verheißt Glück. Das Zaubermärchen macht aus ihm gelegentlich ein phantastisches Wesen, das aus der Jenseitswelt kommt. Sein Erwerb ist dann eine wichtige Episode bei der Suchwanderung des Helden und erscheint – wie in „Die weiße Schlange" – als Belohnung für eine gute Tat.

In Legenden taucht das Tier als Attribut von Heiligen auf oder erkennt instinktiv sakrale Personen und Gegenstände. Doch wird es in der christlichen Kunst und Verkündigung zum Sinnbild des menschlichen Hochmuts und seiner Eitelkeit sowie der Lust und zügellosen Leidenschaft. Auch steht es innerhalb von Mythen und Sagen mit der Symbolik von Wind, Wolken, Wasser und Quellen, aber auch von Blitz, Donner und Sturm in Verbindung. Als toten- und seelengeleitendes Tier dient das Pferd im Schamanismus als Mittel zur Herbeiführung der Ekstase. Es trägt den Abgeschiedenen in das Jenseits und vermittelt so den Übergang von dieser Welt in die andere. Durch den symbolischen „Ritt" erleichtert es die Trance des Schamanen und den ekstatischen Flug seiner Seele in die verbotenen Bereiche.

Tiefenpsychologisch stellt das Pferd die animalische Seite der inneren Tiefendimension, d.h. die mit dem Körper verbundene tragende seelische Kraft dar. Es repräsentiert die wundervollen und lebenswichtigen, aber auch unberechenbaren Triebkräfte und Instinkte, den „wilden" Pol der Psyche des Menschen, das, was Freud das „Es" und Jung das „persönliche Unbewusste" nannten. Die auch als Libido bezeichnete Energie trägt das Bewusstsein oder Ich aber diszipliniert seinen Zielen zu, wenn sie von diesem gut behandelt wird. Hier im Märchen verkörpert das Pferd die instinktive Vitalität des Helden, die ihn in Abenteuer und Verwicklungen treibt und damit die zugrunde liegende Basis für sein weiteres seelisches Wachstum bildet. [38]

Nun gelangt der Diener in einen Bereich mit Tieren, denen er aus verschiedenen Notlagen heraus hilft und die ihm dies „gedenken" und „vergelten" wollen. In dieser Dimension herrscht nicht die Willkür des machtgierigen Egoismus, sondern gilt das Gesetz der Dankbarkeit als moralische Verpflichtung im Sinne einer angemessenen Reaktion auf erwiesene Wohltaten. Größtenteils sind es in Märchen und Erzählungen der Völker Tiere und jenseitige Wesen, die nach diesem Grundsatz handeln, aber sehr selten die Menschen selbst, denen im Gegensatz dazu meist Undankbarkeit zugeordnet wird. Häufig begegnet dem Helden einer Geschichte das Pferd als überlegener Ratgeber. Doch sonst sind es fast immer Tiere der freien Natur, die sich dankbar zeigen. Dazu gehören nicht nur harmlose Vögel, Insekten und Fische, sondern auch gefährliche Helfer wie Schlangen, Wölfe, Löwen und Tiger.

Gerade in Erzählungen der Naturvölker ist das Tier den Menschen gleichgestellt oder sogar überlegen, wenn es dort zum Schutzgeist eines Jägers, einer jungen Frau oder eines Kindes wird. Ähnliche Vorstellungen gibt es im sibirischen Schamanismus. Hier haben die meisten sog. „spiritus familiares", d.h. Hilfs- und Schutzgeister, Tiergestalt oder sind sogar animalische Wesen, die in menschlichen

Körpern erscheinen. Sie begleiten vor allem den Schamanen auf seinen ekstatischen Reisen und Unterweltsfahrten. Auch hier kann das Pferd eine wichtige Rolle spielen. Auf diesem Gang ins Jenseits repräsentiert der tierische Hilfsgeist den Psychopompos oder die Seele des Toten, aber auch eines Vorfahren.

Psychoanalytisch gehören die Vertreter der animalischen Natur zum Bereich des Es und müssen vom Menschen mit dem Ich und dem Über-Ich in Einklang gebracht werden. In der Tiefenpsychologie von C. G. Jung stellen die Tiere, die gegenüber dem Helden dankbar sind, die verschiedenen Aspekte seines eigenen Wesens oder die instinktiven und intuitiven Kräfte des Unbewussten dar, die ihm zuströmen und seine innere Sicherheit verstärken. Sie sind als Schattenfiguren auch gleichsam seine Körperseele, die er vorher verdrängt hat, die ihm aber jetzt hilft, sofern er sie akzeptiert. Schließlich verkörpern sie eine jegliches Verstandesdenken überragende Weisheit, die vor allem in den Instinkten lebt. Von diesen muss sich der Mensch beraten lassen, wenn er zu einer tieferen Erkenntnis seiner Person und der Welt gelangen und damit letztlich bei seinem Selbst als dem Ziel seiner inneren Suchwanderung ankommen will. [39]

Das Reich der dankbaren Tiere und überhaupt der weitere Verlauf des Märchens werden sehr stark von der Dreizahl bestimmt. Ein Blick auf deren Symbolik kann daher für die Interpretation von KHM 17 interessant und fruchtbar sein. In der Erzählung trifft der Held in drei kurzen Szenen auf die Tierarten, die in Not sind und nacheinander den Sphären des Wassers, des Landes und der Luft angehören. Bei der ersten Begegnung handelt es sich sogar innerhalb der gleichen Spezies um drei Vertreter des flüssigen Elements. Diese und die anderen dankbaren Tiere wirken wie die Schamanen als Führer in die magische Welt des Unbewussten. Dabei vermitteln die Heiler der sibirischen Völker zwischen Menschen und Dämonen und ziehen dafür selbst Hilfsgeister hinzu, ebenso wie im Zaubermärchen die tierischen Helfer als Mittler zwischen dem Helden und dem Bereich des Jenseits erscheinen und dabei ihre übernatürlichen Fähigkeiten ins Spiel bringen.

Die Dreizahl ist übrigens bei indoeuropäischen Völkern besonders häufig und besitzt überhaupt im Okzident eine ausgeprägte Beliebtheit. Im Märchen erscheint sie als eine wichtige Hauptkomponente des für die Gattung typischen Stils und deren Formprägnanz sowie als adäquates Mittel der Steigerung und Gliederung für den Verlauf der Handlung. Psychoanalytisch bezieht sie sich auf Es, Ich und Über-Ich als tragende Aspekte der Persönlichkeit und symbolisiert Selbstsuche wie Selbstfindung. Außerdem verweist sie auf das Verhältnis von Vater, Mutter und Kind sowie auf deren tiefe Verstrickung in der ödipalen Situation. Bei C. G. Jung wird sie ebenso wie im ganzen Kulturbereich des christlichen Westens traditionell mit dem männlichen Prinzip verbunden und als Trinität der Gottesvorstellung von Vater, Sohn und Geist ausgelegt.

Doch eine neuere feministische Betrachtungsweise innerhalb der Analytischen Psychologie setzt dagegen die dreifaltige Göttin der matriarchalen Überlieferung Europas: Sie ist als jungfräuliche Frühlingsgottheit dem zunehmenden weißen Sichelmond zugeordnet und beherrscht in Gestalt des astralen jagenden Mädchens den Himmel. Als reife Liebes- und Muttergöttin des Sommers bewohnt sie im Zeichen des roten Vollmondes die Bereiche von Land und Meer, die sie mit ihrer erotischen Kraft befruchtet und erhält. Schließlich besitzt sie als alte weise herbstlich-winterliche Herrin des Todes das Symbol des abnehmenden schwarzen Sichelmonds sowie des Neumonds und regiert die Unterwelt, in der sie alles Leben vernichtet und zugleich wiederauferstehen lässt. In diesen drei Gestalten entfaltet sich nur die eine Göttin, die innerseelisch in der Dimension des kollektiven Unbewussten als Archetyp der Großen Mutter oder Magna Mater erscheint. Verkörperung dieses Urbilds ist in KHM 17 die weiße Schlange, die den Diener durch die Kenntnis der Tiersprache als künftigen Schamanen oder individuierten Heros initiiert hat und nun in ihr Reich einführt. Sie repräsentiert die unsichtbare geheime Kraft, die das Geschehen der Märchenhandlung aus dem Hintergrund lenkt und für das Heil der Hauptbeteiligten sorgt.[40]

Beim Übergang vom Reich des herrschenden Bewusstseins mit seiner autoritären Gewissensinstanz in die Sphäre der seelischen Tiefenschichten muss der Held eine Eigenschaft besitzen, die es ihm ermöglicht, vom Unbewussten positiv aufgenommen zu werden. Dieses stellt ihn deswegen dreimal auf die Probe und schickt ihm in Not geratene Tiere, denen er Hilfe oder Rücksicht erweisen muss. Der Text von KHM 17 erwähnt in diesem Zusammenhang das „mitleidige Herz" des Dieners oder an einer späteren Stelle seine „Barmherzigkeit." Im Märchen werden dabei wohl ursprünglich totemistische Vorstellungen der frühen Mensch-Tier-Beziehung, wie sie in Naturvölkererzählungen auftreten, durch eine gewisse primitive Sittlichkeit überdeckt, die den Helden nicht aus der moralischen Norm einer Hochreligion, sondern einfach aus seinem „guten Herzen" heraus handeln lässt. Darauf spielen auch die Adjektive „mitleidig" oder „barmherzig" an, die beide vom lateinischen Wort „misericors" abstammen. Übersetzt bezeichnet dieser Ausdruck eigentlich „jemanden, der ein Herz für die Unglücklichen hat."

Die Psychoanalyse bringt dieses Mitgefühl für Tiere im Zaubermärchen mit Bescheidenheit als folgerichtiger Begleiterscheinung zusammen. Beide Eigenschaften sind für sie eher erworben denn angeboren und werden von ihr als innere Güte interpretiert, die letztlich dem Über-Ich entspricht. Ein etwas allgemeinerer Interpretationsansatz deutet die Barmherzigkeit in den hier gemeinten Erzählungen als Ehrfurcht vor dem Leben anderer und sich selbst gegenüber. Der Märchenheld ist kein gnadenloser Egozentriker, sondern hat ein feines Gespür für seine Intuition und steht im Einklang mit den Tieren und der ihn umgebenden Wirklichkeit. Er hat die Augen offen und schärft sein Ohr, um das leise Stöhnen der Kreatur zu vernehmen. Nicht Berechnung treibt ihn an, sondern einzig die Not der Lebewesen, die ihm auf seinem Weg begegnen. Das Verstehen der Natur wird bei ihm dann durch schnelles aktives Handeln ergänzt und praktisch umgesetzt. [41]

Im Hebräischen weist das doppelsinnige Substantiv „rechem" noch auf einen weiteren Zusammenhang hin. Das Wort bedeutet im Plural „Eingeweide" besonders als „Sitz des zarten Mitgefühls" und „Erbarmens" und im Singular „Mutterleib." Gerade diese Dimension des Uterus könnte man innerpsychisch auch als Bereich des kollektiven Unbewussten mit dem herrschenden Archetyp der Magna Mater verstehen, die alle Reichtümer der Seele in sich trägt und immer wieder neu aus sich heraus gebiert. Insofern sind Mitleid und Barmherzigkeit die Gefühle, die aus der Großen Mutter hervorgehen und ihrem Wesen völlig entsprechen.

Das Herz eröffnet noch einmal eine zusätzliche Bedeutungssphäre. Seit alters gilt es nicht nur als Zentrum des Körpers, der Gefühle und Empfindungen, sondern auch als Sitz der Lebenskraft, Wohnung der Seele und Reich der weltlichen und geistlichen Liebe, das von Frau Minne oder Frau Venus regiert wird. Im Judentum ist es Symbol für den Tempel Gottes; im Christentum kann es für Mut, Hingabe und Heiligkeit stehen, und in der Mystik wird es zum zentralen Bild des „Lebensfeuers" oder der „Funkenseele", was C. G. Jung wiederum als das Selbst bezeichnet. Der Held von KHM 17 hat daher durch sein „mitleidiges Herz" tiefe Bezüge zu den beiden wichtigsten Urbildern der Psyche und damit alle Voraussetzungen, alle auf ihn wartenden Abenteuer und damit zusammenhängenden Proben im Bereich des kollektiven Unbewussten zu bestehen. [42]

4.2.1. Der Held, die Fische und die Ameisen

Das erste Tier, dem der Diener in dieser Sphäre begegnet, ist der Fisch. Dieser stellt gleichzeitig das vierte animalische Wesen dar, mit dem der reitende Sucher nach seiner Initiation zu tun hat. Im Märchen erweist sich der Fisch öfter dankbar, wenn ihn der Mensch verschont. Manchmal besitzt er in Sagen und in der Bibel – wie etwa im Buch „Tobit" aus dem Alten Testament – sogar dämonische und magische Kräfte, die heilen und böse Geister austreiben können. Auch taucht er in Märchen und Sagen gelegentlich als weissagendes Tier auf, das sich in menschlicher Sprache auszudrücken vermag.

Bei vielen Völkern ist der Fisch ein Hilfsmittel beim Liebeszauber und ein Symbol für Fruchtbarkeit. Wenn er von der Märchenheldin gegessen wird, löst er ihre Schwangerschaft aus. In Volkserzählungen spielt er nicht selten die Rolle des Liebhabers, Bräutigams oder Ehemannes. Als Leviathan in der Bibel oder als großer Walfisch in den Geschichten von Jona, Perseus und Herakles repräsentiert er die Erde selbst, die im riesigen Weltraum schwebend schwimmt. Auf diese Weise dem chthonischen Element zugehörig, steht er auch im Zusammenhang mit Begräbnissen, bei denen er die Hoffnung auf die Wiederauferstehung verkörpert. So wurde er in Griechenland den Toten als Gabe in Verehrung für Adonis, den Geliebten der Schönheitsgöttin Aphrodite und der Unterweltsgöttin Persephone, beigegeben. In Verbindung mit dem Meeresgott Poseidon war er ein Sinnbild für die Macht der Wasserfluten.

Überhaupt stellte der Fisch ein Attribut von Gottheiten der Liebe wie etwa der griechisch-römischen Aphrodite/Venus, der altnordischen Frigga/Freyja und der syrophönizischen Astarte/Atargatis dar und bedeutete Glück. Im Christentum stand er für Taufe, Eucharistie und Unsterblichkeit und kam so symbolisch auch mit Christus in Berührung. Auch trat er in Erzählungen von Heiligen wie zum Beispiel Elisabeth von Thüringen, Antonius von Padua oder Gregor von Tours auf, hörte ihren Predigten zu, ließ sich als Speise für Hungrige verwenden oder bewirkte mit seinem Herzen und seiner Leber die Heilung eines Blinden. [43]

Für Sigmund Freud wird der Fisch neben der Schlange „in Mythologie und Folklore" als männliches Sexualsymbol „verwendet." C. G. Jung lehnt in seinem Werk „Aion" diese Deutung nicht grundsätzlich ab, hält sie jedoch für „recht wenig" ergiebig. Er interpretiert den Fisch zunächst im Zusammenhang mit Jesus Christus, seinen Jüngern und Anhängern, dann vereinzelt auch als Mutter, der ein fischartiger „Sohn geboren" wurde, und nennt als Beispiele die „phönikische Derketo-Atargatis", die „babylonische Hera", im „christlichen Gebiet aber Maria." Damit ist für Jung „auch die mythische Tragödie des frühen Sohnestodes und der Wiederauferstehung" des Toten als „Retter und Heilbringer" gegeben. Im weiteren Verlauf der Ausführungen charakterisiert „die Symbolisierung als Fisch" das Selbst „in diesem Zusammenhang als unbewussten Inhalt", der sich „durch triebhafte Impulse" kundtut und „oft durch das Motiv der hilfreichen Tiere ausgedrückt" ist. Nach Jungs Auffassung kennzeichnet sich der zentrale Archetyp durch Sinnbilder wie den Erlöser, den Fisch oder die Schlange.

Doch die Analytische Psychologie stellt noch weitere innere Zusammenhänge her. Der Fisch ist außerdem das Symbol für die Göttin der Fruchtbarkeit, der Wasser und Meere und gehört damit auch zum Archetyp der Großen Mutter. Er kann sowohl Phallus wie Kind sein, das Männlich-Geistige repräsentieren, aber auch mit Erneuerung und Wiedergeburt zu tun haben. So bedeutet er ebenso die inspirierende und nährende Funktion des Unbewussten, deren göttliche Kraft als ungelebter Schatten im Tiefenraum der Seele verborgen ist. Dabei verkörpert das Wassertier einen Schatz und Reichtum, der aus dieser psychischen Dunkelheit ans Licht des Bewusstseins gehoben werden muss, damit er für das Leben befruchtend, heilend und erlösend wirken kann. [44]

In KHM 17 sind nun drei Fische „im Rohr gefangen" und schnappen „nach Wasser." Die Dreizahl verweist auf die dreifaltige Göttin der matriarchalen Vorzeit und auch auf den ihr entsprechenden Archetyp der Großen Mutter. Seit alters gilt das mit der Spitze nach unten weisende weibliche Dreieck als Symbol des Wassers und der weiblichen Geschlechtskraft. Die drei „gefangenen" Tiere des Märchens befinden sich dabei in „einem Teich." Dieser erscheint im Volksglauben oft als geheimnisvoller, gefährlicher Aufenthaltsort dämonischer Wesen wie Nixen und Hexen und repräsentiert dabei das Totenland, das auf dem Grund der spiegelnden Oberfläche liegt.

Tiefenpsychologisch symbolisiert der Teich das Unbewusste, das wiederum als Aufbewahrungsort alles Vergangenen der Kollektivpsyche sinnbildlich für die mythische Totenwelt stehen kann. Sein mütterliches Wasser ist enthaltend, nährend und wandelnd, und es verkörpert den Urschoß des Lebens, aus dem in unzähligen Mythen das Neue geboren wird. Es steht mit dem beständigen Fließen der Welt in Verbindung und erscheint dabei als „Wasser des Lebens", aus dem alles Wirkliche kommt und das in seiner Tiefe den Schatz der Seele beherbergt. Die Große Göttin verkörpert die strömende Einheit dieser fließenden Urkraft, und das Lebendige ist ihre Geburt, die ewig in ihr als Fisch schwimmt. Als gute Mutter ihrer Geschöpfe und faszinierende Herrin der Liebe zugleich sorgt sie für die Erde und auch für die Gewässer, aus deren Schaum sie als Aphrodite oder Venus entstiegen ist. [45]

Außerdem stellen die Fische als dankbare und später hilfreiche Tiere triebhafte Impulse und psychische Bewegungen dar, die den Archetyp des Selbst ausdrücken. Sie können hier nicht in Fluss kommen, weil sie vom Schilfrohr daran gehindert werden. Letzteres steht vor allem mit Leid im Zusammenhang. So spielt es in einigen Legenden bei der Passion Christi eine gewisse Rolle. Jesus soll danach am Kreuz, beim Gang über den Bach Kidron oder auf seinem Boot in Schilfblätter hineingebissen haben.

Das griechische Wort für „Rohr" heißt „Syrinx." Diese war in der Mythologie eine Nymphe, die vor den Nachstellungen des lüsternen Hirtengottes Pan flüchtete und deshalb von ihren Schwestern in einen Schilfrohrbusch verwandelt wurde. Ihr Widerstand führte hier zu innerer Erstarrung und Depression. Pan schnitt einige Rohre ab, legte sie an den Mund und ließ im Blasen seiner Trauer und Sehnsucht freien Lauf. Er wurde so zum Erfinder der Hirtenflöte und sublimierte seine Triebhaftigkeit in Kunst. Doch wird in KHM 17 die Musik durch das mitleidige Herz des Dieners ersetzt, das vom Leiden der drei Fische gerührt ist und den Helden dazu bewegt, die Tiere aus ihrer Not zu befreien. Die Archetypen der Großen Mutter und des Selbst stellen hier die innere Verbindung her, weil sie beide sowohl in der Barmherzigkeit des jungen Reiters als auch im Wesen der Fische zutiefst angelegt sind. [46]

Als zweites Tier im Reich des kollektiven Unbewussten und gleichzeitig als fünftes nach der Einweihung in die Geheimnisse der

Natur begegnet dem Diener eine Ameise. Es ist nicht irgendein beliebiges Einzelwesen, sondern der König als oberster Repräsentant der ganzen Spezies, welcher zum Helden des Märchens aus dem Sand heraus die „Stimme" erhebt und eindringlich dessen „Barmherzigkeit" einfordert. Der höchste Vertreter aus einem wichtigen Teilbereich der Welt des Instinkts macht sich hier zum Sprachrohr einer zentralen Botschaft der seelischen Tiefenschichten an das menschliche Bewusstsein. Hier steht der animalische König an der Spitze einer komplex und effizient gegliederten Gemeinschaft und findet sich vor allem in Erzählungen von dankbaren Tieren, in denen er den Charakter der zentralen männlichen Figur auf die Probe stellt.

Die Ameise ist dafür besonders prädestiniert. Bereits in den frühen Zeugnissen der Menschheitsliteratur wird sie wegen ihres Fleißes, ihrer vorsorgenden Vernunft, ihrer Schlauheit und ihrer Fähigkeit zur Weissagung erwähnt. Das durchorganisierte Leben ihres Staates ließ auf eine gewisse Intelligenz schließen und die Auffassung entstehen, dass dieses Tier im Grunde ein verwandelter Mensch sei. Schon die alte Fabel von Aesop verurteilte die Faulheit der Grille und lobte den Fleiß der Ameise, die ihre Kontrahentin am Schluss mit einem zynischen Rat bestraft und ihr Hilfeleistung verweigert, in persischen Varianten der Erzählung sie aber nur tadelt und trotzdem unterstützt. Im Kunstmärchen „Amor und Psyche" des spätrömischen Schriftstellers Apuleius erhält die Titelheldin die für sie unlösbare Aufgabe, einen Haufen von Getreidekörnern zu sichten, was an ihrer Stelle jedoch Ameisen vollbringen, die sich hier eindeutig nur als hilfreiche Tiere erweisen.

Christliche Legenden sahen das Insekt ambivalent und erzählten in Nordeuropa, dass es vom Teufel abstamme, in Deutschland aber, dass es von Petrus geschaffen sei. Es kann als Geist, Fee oder Elfe, aber auch als Höllenfürst auftreten. Die Ameise begegnet als Schatzhüterin und Glücksbringerin oder verwandelt sich selbst zu Gold. Sie wird im Zauber zu verschiedenen Anlässen, besonders aber auch zu Heilzwecken verwendet. Einerseits steht sie symbolisch für selbstgenügsame Friedfertigkeit, andererseits vermag sie auch, sich aggressiv-verschlingend zu verhalten. So gibt es auch Erzählungen von bedauernswerten Menschen, die aus Rache bei einem Ameisenhaufen angebunden und von den Tieren quasi aufgefressen werden. In Sagen und Fabeln spielt das Insekt eine entscheidende Rolle bei der Überwältigung einer bösen Schlange, hält aber mit dem Reptil auch gemeinsam Haus. Eine Schlangenkönigin kann sogar in einem Ameisenhaufen wohnen und von dessen Tieren geschützt und genährt werden. Tiefenpsychologisch stellt das Insekt den Sonderaspekt des Selbst dar, der das Ich ganz klein und unwichtig werden und es dadurch instrumentell den inneren höheren Zwecken dienen lässt. [47]

König Salomon hat eine besondere Beziehung zu den Ameisen. In alten jüdischen Legenden hört er sie untereinander reden und schont sie dann. Außerdem rät er in seinem „Buch der Sprichwörter" aus dem Alten Testament (Kap. 6, Vers 6) den faulen Menschen, „zur Ameise" zu gehen, „ihr Verhalten" und ihre Arbeitsweise zu betrachten, daraus zu lernen und „weise" zu werden. Auch in der 27. Sure des Korans, die den Titel „Die Ameise" trägt, hat er mit dem kleinen Tier zu tun. Als er dort seine Heerscharen um sich versammelt, weist ihn das Insekt indirekt darauf hin, dass er mit seinen Leuten unwissentlich das winzige Ameisenvolk „zermalmen" könne. Nun dankt Salomon Gott für seine „Gnade" und bittet ihn darum, in seine „Barmherzigkeit" eingeführt zu werden (Verse 18-19). So lernt er von den Ameisen Bescheidenheit und Demut. Dies ist eine relativ genaue Parallele zur Situation zwischen Held und Insekt in KHM 17.

Übrigens herrschte Salomon in jüdischen und islamischen Erzählungen über alle Geschöpfe von Wasser, Erde und Luft, auch über die Geister und Dämonen. Ebenso kannte er die Sprache der Tiere, insbesondere der Vögel. Dadurch wird er zum eigentlichen Märchenkönig der Bibel und des Korans, der auf einzigartige Weise die Tugenden von Gerechtigkeit und Weisheit verkörpert und damit auch ideal den Archetyp des alten Weisen repräsentiert. In der 27. Sure erfolgt nach dem Gespräch mit der Ameise die Episode mit der Königin von Saba (Verse 22-44). Darin fordert Salomon die Sonnenanbeterin auf, ihrem Irrglauben abzuschwören, und setzt ihre Bekehrung zum Islam durch.

Auch das Alte Testament erwähnt die Herrscherin aus dem fernen arabischen Reich im „ersten Buch der Könige" (Kap. 10, Verse 1-13) und im „zweiten Buch der Chronik" (Kap. 9, Verse 1-12). Dort hört sie „vom Ruf Salomos" und kommt nach Jerusalem, „um ihn mit Rätselfragen auf die Probe zu stellen." Am Ende gewinnt er den Wettstreit, indem sie seine „ganze Weisheit" erkennt und seinen Gott „Jahwe" preist. Diese Geschichte nimmt als frühe literarische Parallele schon das Ende von KHM 17 vorweg. Über Salomon hat die Königin von Saba einen indirekten Bezug zur Ameise, verkörpert einerseits die Anima des weisen Herrschers, nimmt aber andererseits durch ihre starke Ausstrahlung als dessen dämonische Gegenspielerin auch Züge des Archetyps der Magna Mater an. [48]

In der griechisch-römischen Mythologie war die Ameise Attribut von Demeter/Ceres. Diese repräsentierte die „Mutter Erde" als Schutzherrin des Bodens, des Ackerbaus und der Fruchtbarkeit allgemein. Sie besaß in Kreta eine dreifaltige Struktur, welche die Aspekte des jungfräulichen Mädchens als Kore, der erotischen Nymphe als Persephone und des alten Weibes als Hekate in sich trug. Da die Ameise als Tier der Erde besonders auf die Unterwelt verweist, wird für sie vor allem Persephone als Herrscherin des Totenreiches wichtig. Einerseits ist sie mit Hades, dem Herrn der Schattenwelt, verheiratet, andererseits liebt sie Adonis, den sie mit Aphrodite teilt. So erweist sie sich als dunkle Seite der großen antiken Liebesgöttin. Hades entsprach dem römischen Pluto und verschmolz im Laufe der Zeit mit Plutos, dem Gott des Reichtums und Sohngeliebten von Demeter.

Die gelegentlich als Dreigestalt auftretende Hekate wurde als Herrin der Toten häufig mit Persephone gleichgesetzt. Ihr phallischer Begleiter war eine Schlange. Dieses komplexe Paarverhältnis hatte bei den Germanen eine Parallele in der vielschichtigen Beziehung von Odin/Wotan und Holle/Hel/Frigg. So wäre der Ameisenkönig von KHM 17 eine kleine Variante des alten Weisen in seiner Ausprägung als Sohngeliebter der Großen Mutter, die hier mit ihrem Erd- und Unterweltsaspekt im Hintergrund erscheint, wofür die weiße Schlange wiederum symbolischer Ausdruck sein könnte. Übrigens bezeichnet C. G. Jung Demeter in ihrem dreifachen Aspekt als die „übergeordnete Persönlichkeit" des Selbst. Somit spielen auch bei der Ameise im Märchen die beiden wichtigsten Archetypen eine überragende Rolle.

Im Gegensatz zu den Fischen, die eher triebhafte Impulse des zentralen Urbildes repräsentieren und überraschend aus dem Unbewussten auftauchen, verkörpern die Insekten mit ihrem König autonome Abläufe und Bewegungen des vegetativen Nervensystems, die unwillkürlich ohne Kontrolle des Ich-Bewusstseins geschehen und damit auf die Weisheit, Lebendigkeit und Schöpferkraft des Körpers verweisen. So drücken die Ameisen auch die untergründige Ordnung der inneren und äußeren Natur aus, die es zu schützen gilt und in die der Mensch nicht mit der Gewalt seines Willens und seiner Leidenschaften einbrechen darf. Der winzige König des fleißigen Insektenvolkes gibt dieser leisen, unscheinbaren Stimme aus den Tiefen der Seele eine adäquate Gestalt und bittet um Gehör. Der junge Reiter, der durch die Initiation der weißen Schlange für diese Dimension sensibel geworden ist, horcht und gehorcht diesem Ruf des kollektiven Unbewussten. Verantwortungsbewusst und weise wie Salomon lenkt er ein und wählt für seine nächsten Schritte einen Seitenweg. [49]

4.2.2. Der Held und die Raben

Die letzten Tiere, auf die der Diener nach seiner Einweihung ins Reich der psychischen Tiefenschichten und überhaupt im Märchen trifft, sind Raben. Sie geben dem Handlungsverlauf am Ende die entscheidenden positiven Impulse. Ihre große Bedeutung für KHM 17 zeigt sich schon darin, dass sie indirekt zu Beginn der Erzählung erwähnt werden, indem „es war", als ob dem weisen König „Nachricht von den verborgensten Dingen durch die Luft zugetragen würde." Die vorliegende Interpretation versteht diese Andeutung als mythologischen Hinweis auf Odin/Wotan und seine Boten Hugin und Munin.

In Märchen und Sagen erscheint der Rabe als ambivalenter Träger einer vielfältigen Symbolik, vereint in sich höchst gegensätzliche Eigenschaften und steht oft jenseits von Gut und Böse. Er ist ein Tier der Luft und kann sprechen. Dadurch wird er zu einem Licht- und Sonnenvogel, der Weisheit verkörpert und die Gabe der Prophetie besitzt. Auch tritt er als vitaler Kulturheros auf, der auf produktive Weise Tabus bricht, das Feuer für die Menschen raubt und sie den Nutzen der Lebewesen und Werkzeuge lehrt. Durch seine schwarze Farbe verweist er zudem auf die dunkle, unheimliche und dämonische Seite der Existenz. So verkündet er weniger Glück als ausgesprochenes Unheil und wirkt nicht nur als beiläufiger Schöpfer, sondern vor allem auch als verweigernder Zerstörer. Ebenso gilt er als Vorzeichen von Krieg, Tod und Seuchen, als Aasfresser und Leichenfledderer, als Galgen- und Totenvogel, als Spuktier und Wiedergänger.

In der germanischen Mythologie ist er Odin/Wotan nicht nur als Bote zugeordnet, sondern dient ihm auch in den Bereichen der Zauber- und Dichtkunst, der Kriegsführung und Totenbegleitung. Der Gott verwandelt sich zuerst in eine Schlange und dann in einen Raben, um dem Riesen Suttung den Skaldenmet der Poesie zu rauben. Seine Walküren nehmen als kämpfende Jungfrauen auch Rabengestalt an, um die gefallenen Helden vom Schlachtfeld abzuholen und ihrem Herrn zuzuführen. Auch ist der schwarze Vogel Helfer von Odin/Wotan in medizinischer Funktion und zählt wegen seiner Fähigkeit zur Vorausschau von Krankheiten ebenso wie die Schlange zu den Arztsymbolen.

Bei den alten Griechen besitzt er zunächst eine weiße Gestalt und ist Apollo geweiht. Dann überbringt er dem Gott die Botschaft von der Untreue seiner Geliebten Koronis und wird für seine Geschwätzigkeit dadurch bestraft, dass ihm nun schwarze Federn wachsen. Die schwangere Frau gebiert noch sterbend ihren Sohn Asklepios, der später zum Gott der Heilkunde mit der Schlange als Attribut wird. Sein Vater hat dieses Tier lange vorher in Delphi getötet, um das Orakel zu übernehmen. Apollo zeigt sich selbst oft als Rabe. In der Gestalt des schwarzen Vogels begleitet auch der Seher Aristeas den Gott und wird durch seine Ekstasen und Verwandlungen zu einem europäischen Verwandten des asiatischen Schamanen, der wiederum auf seinen Seelenreisen von einem Raben als Hilfsgeist begleitet werden kann. [50]

Für das Judentum stellt das krächzende Tier eine zutiefst ambivalente Figur dar. Das Alte Testament erwähnt es an vielen Stellen. Als Aasfresser steht der Rabe für Unreinheit, Destruktion, Betrug und Sünde im Gegensatz zur unschuldigen Seele der weißen Taube. Noah sendet im Buch „Genesis" (Kap. 8, Vers 7) aus der Arche einen Raben aus, um zu erkunden, ob das Wasser der Sintflut gesunken ist. Aber der schwarze Vogel kehrt nicht zurück und verkörpert hier Ruhelosigkeit und Unzuverlässigkeit. An etlichen anderen Stellen des AT (Levitikus 11,15; Deuteronomium 14,14; Jesaja 34,11) erscheint er in negativer Bedeutung vor allem als unreines Tier. Doch er wirkt auch (etwa in „Sprichwörter" 30,17) als Instrument göttlicher Vergeltung sowie als Helfer- und Rettergestalt. Dabei ist er sowohl Werkzeug als auch Ziel der Fürsorge von Jahwe. Auf dessen Befehl versorgt er (in „1. Könige" 17,4-6) den Propheten Elija am Bach Kirit mit Brot und Fleisch. Auch die jungen Raben erhalten (in Hiob 38,41 und Psalm 147,9) von Gott Nahrung, wenn sie von den Eltern verlassen werden. Schließlich taucht das krächzende Tier noch indirekt im Zusammenhang der Liebe auf. Die Frau besingt im „Hohelied" (Kap. 5, Vers 11) ihren Freund, indem sie seine Locken als „kraus" und „schwarz wie ein Rabe" bezeichnet.

Das Neue Testament erwähnt den Vogel nur an einer Stelle. Im Lukas-Evangelium (Kap. 12, Vers 24) steht das Tier symbolisch für ein Lebewesen, das nicht sät und nicht erntet, aber doch vom himmlischen Vater ernährt wird. Sonst wird es in der christlichen Tradition überwiegend negativ gedeutet und erscheint als Sinnbild für die Trauernden, Unkeuschen, Ungläubigen, Sünder und Abtrünnigen. Es repräsentiert Unersättlichkeit, Habsucht, Geiz und Eitelkeit. Überhaupt gilt der Rabe als Tier des Bösen und der Verdammnis, als Bote und Begleiter des Teufels sowie als dessen Geschöpf und theriomorphe Erscheinung. Außerdem können Hexen seine Gestalt annehmen. Vereinzelt wird der schwarze Vogel allerdings auch positiv als Gefährte von Einsiedlern und Heiligen gesehen. Doch übernimmt er sich im Kampf gegen die überlegene Schlange. [51]

Die tiefenpsychologische Interpretation übernimmt die Doppeldeutigkeit des Raben vor allem aus der jüdisch-christlichen Perspektive. C. G. Jung deutet ihn im Zusammenhang seiner Ausführungen „zur Phänomenologie des Geistes in Märchen." Dieser Archetyp des alten Weisen wird seltener durch „sprechende und wissende Tiere", meist jedoch durch einen Greis verkörpert, der „sich gerne der Hilfe" dieser intelligenten Lebewesen, „insbesondere der Vögel", bedient. Die Gestalt des Geistes bedeutet bei positiver Ausrichtung das „Selbst" und bei negativer Grundtendenz „den infantilen Schatten." Nun überträgt Jung diese Kriterien auf die Interpretation des deutschen Märchens „Die Prinzessin auf dem Baum", das zeitlich nach der Ausgabe des grimmschen Werkes erschien und in dem der darin auftretende Rabe als „Teufel" bezeichnet wird. Tiefenpsychologisch repräsentiert hier dieser Vogel „die Macht eines bösen Geistes, einer finsteren Vaterimago unterweltlicher Art." Er symbolisiert den aus einer dunklen Schicht des Unbewussten stammenden Einfall und den auch in diesem Schattenbereich verharrenden männlich-geistigen Wesensteil der weiblichen Psyche, d.h. deren Animus.

Während der Rabe im christlichen Vorstellungskreis die widergöttliche Dimension des Bösen vertritt, wird er aus dem heidnischen Blickwinkel der Germanen und Griechen heraus zum Weisheitsverkünder, der im Dienst des Selbst steht. Als solcher durchschaut er das Wesen der Natur in seiner Gegensätzlichkeit und stellt die Verbindung zur schöpferischen Inspiration des Männlichen her. Doch dieser kreative maskuline Geist wird vom herrschenden christlichen

Bewusstsein abgelehnt und in die unbewusste Sphäre des Schattens verbannt. Von dort aus wirkt er destruktiv auf die Außenwelt, wartet aber dort im Grunde auch auf seine Erlösung. Der Held in „Die Prinzessin auf dem Baum" wäre ohne die Befreiung des Raben nie zu seinem Glück gekommen. In KHM 17 übernimmt der schwarze Vogel aber eine grundlegend positive Funktion, weil er hier als Helfer der weißen Schlange auftritt, die selbst eine Erscheinungsform des Archetyps der Großen Mutter in ihrem Aspekt der alten Weisen darstellt. [52]

Das Märchen führt den Helden nun „in einen Wald", einen Ort der Prüfung und der Initiation, der Finsternis und der Gefahr, einen adäquaten Symbolraum des kollektiven Unbewussten und der Großen Mutter, das Reich der germanischen Holle und der griechischen Artemis. Hier begegnen ihm fünf Raben, die auch die ganze Ambivalenz des Tieres verkörpern. Die negative Seite der Bedeutung wird durch die Eltern vertreten, die ihre Kinder aus dem Nest werfen, was auf Sagen und Fabeln anspielt, die um dieses Thema kreisen. Den positiven Aspekt des Vogels repräsentieren die drei Jungen, deren Anzahl erst am Ende des Märchens in der Ausgabe letzter Hand von 1857 genannt wird und denen aber zunächst nichts anderes übrig bleibt, als über ihre Hilflosigkeit zu klagen. Hier erscheint wieder die Dreizahl, die in der vorliegenden Interpretation auf die matriarchale dreifaltige Göttin und die archetypische Große Mutter bezogen wird.

In jüdischen und christlichen Legenden war der Rabe jedoch zunächst wie bei den Griechen weiß und schön, verhielt sich dann auf verschiedenartige Weise boshaft, wurde von Jahwe, Noah oder Jesus deswegen verflucht und erhielt daraufhin seine schwarze Farbe. Nach anderen religiösen Überlieferungen sind die jungen Vögel fromm und loben Gott. Dafür sind sie in den ersten Tagen nach ihrer Geburt weiß, werden in dieser Zeit von ihren Eltern verlassen und allein vom Schöpfer ernährt. Aber auch sonst hält der christliche Aberglaube an der Existenz weißer Raben fest. Diese streiten danach mit ihren schwarzen Verwandten um die arme Seele, treten also für die Taube und den Engel ein. Außerdem warnen und raten sie zu Zeiten der Pest und nennen den Leuten Heilmittel zur Bekämpfung der Krankheit. Auch wird in Finnland die weiße Feder des Tieres sehr verehrt. Wenn dort jemand eine solche findet, soll diese dem Besitzer Glück bringen. [53]

Dieser Gegensatz der beiden Grundfarben im Wesen des Vogels überträgt sich nun vor allem auf die Göttinnen, deren Attribut er ist. Bei den alten Germanen war der Rabe nicht nur Odin/Wotan, sondern auch Holle/Hel zugeordnet. Die Herrin der Unterwelt sieht halb menschenfarbig, halb dunkelblau aus, woraus dann die Mythologie halb weiß, halb schwarz macht. In Märchen und Sagen heißt die Todesgöttin Hel auch Frau Perchta oder Frau Holle. Beide erscheinen bald weiß, bald schwarz gekleidet. Ein weiterer Bezugspunkt des Tieres zum Großen Weiblichen ergibt sich aus den Eigenschaften der Liebes- und Schönheitsgöttin Freyja. Diese besitzt ein Falken- und Schwanengewand und mischt sich darin in die Schlacht. Dabei erweist sie sich als Herrin der Lüfte und als Anführerin der Walküren, die ja Rabengestalt annehmen können. Im Volksglauben verschmelzen Hel, Freyja und Frigg, die Gattin von Odin/Wotan, zu Holle/Perchta.

Die griechische Mythologie macht die jugendliche Jägerin Artemis zur Herrscherin über Himmel und Gestirne und ordnet ihr Weiß als Symbolfarbe zu. Als ihr Gegenpol gilt die alte Hexenmeisterin Hekate, die in Nacht und Unterwelt wirkt und in Schwarz auftritt. Beide Göttinnen werden schon in frühen Überlieferungen gleichgesetzt und bilden zusammen mit Persephone eine Dreigestalt, die wiederum eine Variante der alten dreifaltigen Göttin bildet. Der Rabe stellt hier quasi sinnbildlich die Brücke zwischen den Aspekten des Mädchens und der Greisin innerhalb des matriarchalen Frauenmysteriums dar, ist aber darüber hinaus noch ein Attribut der Weisheitsgöttin Pallas Athene, die nicht nur die Eule, sondern auch die Schlange zu ihren Begleittieren zählt. Ihre Jungfräulichkeit und ihre Beziehung zu nächtlichen Unterweltstieren verbinden sie mit der „weißen" Artemis und der „schwarzen" Hekate. So erweist sich der Rabe als umfassender Bote und Geistrepräsentant der Großen Mutter, der ihre ganzen Spannungen und Polaritäten in sich trägt und diese teilweise sehr leidvoll ausleben muss.

Diese widersprüchliche Ganzheit der Magna Mater zeigt sich hier in KHM 17 an der besonderen Konstellation von zwei Gruppen. Da sind einerseits die beiden „schwarzen" Rabeneltern, die ihre Kinder brutal aus dem Nest werfen, um so deren Initiation in das Leben nach dem Prinzip „friss oder stirb" zu veranlassen. Andererseits gibt es die drei „weißen" Rabenjungen, die für diesen Weg noch zu schwach sind und um Hilfe rufen. Hier wird ansatzweise die Dimension des Selbst sichtbar, das eine Vereinigung der inneren Gegensätze oder auch die Summe aller Polaritäten und Paradoxien der Seele darstellt. Im Individuationsprozeß möchte der zentrale Archetyp quasi „geboren" werden und zur Welt kommen. Dazu braucht es ein Ich, das seinen Ruf sensibel hört und dann alles dafür tut, um diese fordernde Botschaft in die Realität umzusetzen. [54]

Die Symbolfarbe Weiß verbindet übrigens die jungen Raben mit der Schlange, der umfassenden Lehrmeisterin des ganzen Initiationsgeschehens, die ihren Schüler und Schützling vor die entscheidende Probe seines Berufungsweges stellt. Der Diener zeigt sich auch dieser Situation sofort gewachsen und zögert keinen Augenblick, aus seinem mitleidigen Herzen heraus dem Ruf seines Selbst zu folgen, das sich hier in dreifacher Ausprägung nicht nur einfach als eindringlichster Bote, sondern auch als der wichtigste Sprössling der Großen Mutter in Bezug auf den künftigen Handlungsverlauf des Märchens offenbart. Nun wird der Diener endgültig zum „guten Jüngling", als er für die hilflosen Rabenjungen sein eigenes Pferd tötet.

Diese Tat knüpft an die alte religiöse Tradition des Tieropfers an, das ursprünglich vollzogen wurde, um den Göttern Dank für ihre Wohltaten abzustatten oder ihren Zorn zu versöhnen. Dabei verzichtete der opfernde Mensch auf etwas, das ihm wertvoll war, und erfuhr dadurch eine Stärkung seines Bewusstseins. Er verband sich so mit der Gottheit, unterwarf sich ihrer Führung und brachte die eigene Ichbezogenheit ihrem Willen dar. In Märchen und Legenden führen Opfer aus der Enge der Persönlichkeit hinaus zur ganzen Selbsthingabe, die vom Helden der jeweiligen Erzählung gefordert wird. Im sibirischen Schamanismus gilt das Pferdeopfer als höchstes Ritual, für das ein Tier von weißer oder zumindest heller Farbe ausgewählt wird. Dieses wird auf grausame Weise getötet, indem man ihm die Wirbelsäule bricht. Der Schamane treibt in der Zeremonie dann die Seele des Pferdes zum Wohnsitz der höchsten Gottheit. Im Zustand der Ekstase empfängt er dabei Voraussagen über Wetter und Ernte, drohende Epidemien und Unglücksfälle. Alle Teilnehmer des Rituals werden in das Überschreiten der Bewusstseinsgrenzen einbezogen und treten mit der Gottheit in Verbindung.

Das Pferdeopfer ist in der europäischen Frühgeschichte vor allem bei den alten Griechen, Kelten und Germanen nachgewiesen. Aber auch die Slawen, Finnen, Perser und Inder kannten es. Ihnen allen galt das Pferd als besonders heiliges Tier. Die Farbe Weiß war dabei äußerst geschätzt. Der Schimmel wurde in früher germanischer Zeit Odin/Wotan und im griechisch-römischen Altertum den Erdgöttern geopfert. Auch war er in dieser Hinsicht bei den persischen Völkern sehr beliebt. Die Skandinavier aßen nach dem Tötungsritual das Fleisch des Tieres und identifizierten es mit dem Wesen der Gottheit, der es dargebracht wurde, also meist mit Odin/Wotan. Dessen Kräfte sollten dem einzelnen Menschen durch den Genuss der Opferspeise zuteil werden, und die bevorzugten Eigenschaften des Schimmels konnten dabei auf den Essenden übergehen. [55]

C. G. Jung deutet das Opfer des Tieres und speziell auch des Pferdes als Aufgeben der Tiernatur des Menschen, d.h. seiner triebmäßigen Libido, um in das kollektive Unbewusste einzutauchen und von dort neu „geboren" zu werden. Dabei verzichtet das Ich-Bewusstsein auf Macht, Besitz und Kontrolle zugunsten der seelischen Tiefendimension, in der sich dann eine Wandlung der animalischen Triebhaftigkeit vollzieht. Am Ende dieses Prozesses steht eine erweiterte oder erneuerte Lebensorientierung des Menschen. So bedeutet für Jung das freiwillige Opfer von Christus am Kreuz eine geglückte Überleitung der Libido auf eine geistige Ebene, die sich in den Evangelien als Auferstehung ausdrückt. Ein ähnliches Beispiel ist in der orientalischen Mythologie Attis, der Sohngeliebte von Phrygiens Großer Göttin Kybele, der nach seiner Kastration stirbt, dessen Körper im Tod aber nicht verwest. Bei den Germanen hängt Odin/Wotan neun Tage und Nächte am Weltenbaum Yggdrasil, verliert dabei ein Auge, erhält jedoch am Schluss die Gaben der Weisheit, Dichtkunst, Heilkunde und Prophezeiung. Ein solches Selbstopfer gibt bewusst die eigene Egozentrik auf, ermöglicht dadurch die Wiedergeburt des Menschen als Wandlung im Selbst und erweist sich so tiefenpsychologisch als eine archetypische Ausprägung des Individuationsweges.

Übrigens wurden Tieropfer einst im Matriarchat überall der Muttergöttin dargebracht. Im Zusammenhang mit diesem Kult ist der Todes- und Unterweltcharakter des Pferdes besonders stark betont. Dabei drängte das Große Weibliche die Männer zum Opfer der Tiere, domestizierte sie durch die auferlegten Tabus und schuf so die erste Form der menschlichen Kultur. Triebbeherrschung und Triebopfer gehören zu den Forderungen der Großen Mutter, die nicht nur schützend und paarend das Prinzip der natürlichen Ordnung repräsentiert, sondern auch für das Gesetz der Wandlung steht. Darin führt sie das Lebendige zu einer Entwicklung, in der die höchsten Formen der seelischen Wirklichkeit erreicht werden. [56]

In KHM 17 erreicht der „gute Jüngling" diese hohe ethische Ebene durch sein „mitleidiges Herz", das auch und erst recht für die hilflosen jungen Raben schlägt. In der Tötung des Pferdes opfert er seine instinktive Vitalität, aus der sein Ich-Bewusstsein erwächst. Das Instrument dieser Tat ist sein Degen, der nur eine zierlichere Variante des Schwertsymbols darstellt und genau wie die wuchtige Waffe des Ritters das männliche Logosprinzip der Unter- und Entscheidung repräsentiert. Durch einen geistigen Akt des Erkennens trennt der Held zwischen egoistischem Trieb und sensiblem Gefühl für andere Wesen. So handelt er nicht nur barmherzig, sondern auch demütig, indem er sein Ich den übergeordneten Archetypen der Großen Mutter und des Selbst unterstellt und ihnen vorbehaltlos dient.

Dieses Tun geschieht im Zeichen der Symbolfarbe Weiß, die untergründig die Schlange, die jungen Raben und das Pferd miteinander verbindet und damit Tiere aus dem Bereich des Opferrituals miteinander in Beziehung setzt. Dadurch wird der schamanistische Initiationsweg des Jünglings zunächst vollendet, der im Unbewussten sinnbildlich durch Wandlung, Tod und Auferstehung führt. Der Held hat alle Proben der dankbaren Tiere im Sinne der kollektiven Tiefenschichten erfolgreich bestanden. Einerseits ist er durch das Opfer seines sich fortbewegenden Besitzes ganz auf sich allein und seine eigenen Füße gestellt, damit aber auch der Erde und ihrem Symboltier Schlange ganz nah. Seine Demut hat ihn befähigt, der Bewahrung des jungen Rabenlebens und der Erhaltung dieser Art zu dienen. Andererseits ist diese bescheidene Grundhaltung im Märchen geradezu die Voraussetzung, das Durchgangsstadium und die Vorstufe zu einem höheren Dasein, das meist im Königtum als Ziel gipfelt und endet.[57]

4.3. Der Held und die Königstochter

Nun betritt eine Prinzessin als weiblicher Gegenpol des Helden die Bühne des Geschehens in KHM 17. Von den Brüdern Grimm wird sie in Abgrenzung zum französischen Feenmärchen „Königstochter" genannt. Sie dürfte im heiratsfähigen Alter sein und fasziniert den Jüngling durch ihre „große Schönheit." In der Volkserzählung sind damit ganz allgemein nicht nur äußere Attraktivität und erotische Anziehungskraft, sondern auch Tugend und Güte im Sinne einer Zusammenfassung aller positiven Charaktereigenschaften des Menschen gemeint. Auch der Held, der in den meisten Märchen ein Prinz ist, wird in KHM 17 als „schöner Jüngling" beschrieben. Normalerweise wirkt in einer solchen Konstellation die Liebe als Auslöser und Beweggrund der Handlungen beider Hauptakteure. Dabei ist das vorrangige Ziel des Königssohnes die Gewinnung von Zuneigung und Hand der Prinzessin. Hier verliebt sich der Held sofort beim ersten Anblick in die junge Frau und meldet sich trotz „aller Gefahr" bei ihrem Vater unbeirrt „als Freier."

Bei der Brautwerbung hat die Königstochter eigentlich die stärkere Position, weil sie unter den häufig zahlreichen Kandidaten eine Auswahl treffen kann und muss, um für sich den Tapfersten, Klügsten und Besten herauszufinden. Sie stellt harte Anforderungen an ihren künftigen Ehemann und zwingt ihn, scheinbar unlösbare Aufgaben zu bewältigen. In dieser Grundhaltung wird die Prinzessin von KHM 17 noch bestärkt, als sie erfährt, dass der Jüngling „ihr nicht ebenbürtig" sei. Darauf verschmäht sie ihn und baut für seine Werbung immer weitere Hindernisse auf. Ihr „stolzes Herz" rückt sie geistig in die Nähe der sog. „Rätselprinzessin", die auch in einigen Märchen der Brüder Grimm auftaucht. Diese will nur denjenigen heiraten, der ihr an Klugheit und Geschicklichkeit überlegen ist. Wer ihr im Wettstreit unterliegt, wird erbarmungslos hingerichtet. Eine harmlose Vorläuferin dieser Einstellung ist die Königin von Saba, die im Alten Testament Salomon nur aufsucht, um mit ihren Rätselfragen seine Weisheit auf die Probe zu stellen. Den grausamen Prototyp einer solchen Prinzessin stellt die orientalische Königstochter Turandot dar, die Männer hasst und ihren Freiern Rätsel aufgibt, um sie loszuwerden. Wenn sie diese nicht erraten können, werden ihre Köpfe abgeschlagen und auf Pfähle gesteckt.

Auch die Prinzessin in KHM 17 lässt ihre erfolglosen Ehekandidaten umbringen, wenngleich nicht ganz so sadistisch wie Turandot, aber zumindest in der gleichen Absicht. Ihr Stolz erweist sich als Hochmut im Sinne eines überhöhten Selbstwertanspruchs, der sich über die Demut und das Erbarmen des Jünglings erhebt. Gewöhnlich stellt im Erzähltyp AaTh 554, der das Motiv der dankbaren Tiere enthält und in seinem Handlungsverlauf entfaltet, der König des fremden Reiches dem Helden die drei an sich unlösbaren Aufgaben. Aber in KHM 17 tritt der Vater hinter seiner Tochter zurück, und es ist vor allem die Prinzessin selbst, die in dieser Hinsicht sich gegenüber dem Jüngling aktiv zeigt und damit trotz aller äußerlichen Schönheit die bösartige Seite ihres Charakters offenbart.[58]

Da der Held des Märchens einen schamanistischen Initiationsweg geht, dürfte es kein Zufall sein, dass ihm auf dem Höhe- und Wendepunkt seiner Einweihung die Königstochter begegnet. In der Tat spielen Frauen bei der Berufung eines künftigen sibirischen Heilers eine große Rolle. Der Schamane besitzt einen wichtigen weiblichen Schutzgeist, der „ayami", „abassy" oder „himmlische Gattin" genannt wird. Dieses Wesen ist meist recht klein mit halb schwarzem, halb rotem Gesicht und erscheint in Gestalt einer hässlichen Greisin, eines Schrecken erregenden Wolfes oder eines geflügelten Tigers. Es wählt den Schamanen aus, macht ihn zu seinem Gatten und gibt ihm seine tierischen Hilfsgeister. Wenn er in Ekstase heilt, ist er von ihm besessen. Die Frau unterstützt und inspiriert ihn bei seinem schöpferischen Tun. Oder sie dringt auch in seinen Körper ein, versetzt ihn in Schlaf und vereinigt sich dann mit ihm. Auch kommt es vor, dass er sie auf seiner ekstatischen Reise zum Himmel trifft und mit ihr sexuell in Beziehung tritt. Dabei lädt sie ihn ein, bei ihr zu bleiben. Doch meist kehrt er wieder zur Erde zurück. Oft hat der Schamane auch eine irdische Frau, deren Leben allerdings durch die Eifersucht der „himmlischen Gattin" gefährdet ist. Das Schutzverhältnis zwischen einem sibirischen Medizinmann und seinem weiblichen Geist entspricht in den Mythen der Rolle, die Nymphen, Feen und Halbgöttinnen bei der Unterrichtung und Initiation von Heroen spielen, indem sie Letzteren helfen, die Unsterblichkeit zu erlangen und als Sieger aus ihren Kämpfen, Abenteuern und Aufgaben hervorzugehen. Bei den alten Germanen sind dies etwas die Walküren, die in der Schlacht ihre Helden überschweben, sie dabei beschirmen und gelegentlich auch ein Liebesverhältnis mit ihnen eingehen. Dann können sie sogar in Konflikt mit Odin/Wotan kommen, in dessen Dienst sie stehen. Manchmal nehmen sie auch die Gestalt eines Pferdes oder Raben an. Die Walküre beruft ihren Liebling zu seinem Heldentum, verleiht ihm geheimes Wissen und führt ihn als treue Begleiterin im Kampf zu Sieg oder Tod. Ähnlich verhält sich in der griechischen Mythologie die Weisheitsgöttin Pallas Athene, der die Schlange und der Rabe heilig sind. Sie unterstützt einzelne Heroen im Krieg, steht ihnen auch sonst jederzeit mit Rat und Tat zur Seite und überträgt später dieses Schutzverhältnis von den Vätern oft auf deren Söhne.[59]

Die Psychoanalyse bezieht KHM 17 und ähnliche grimmsche Märchen weniger auf den Schamanismus als auf den Mythos von Ödipus. Dieser muss das Rätsel der Sphinx lösen, um dann durch die Heirat mit seiner Mutter Jokaste die Herrschaft über Theben anzutreten. Auch in vielen Märchen führt die Lösung einer schweren Aufgabe zu Ehe und Königreich. Etwas zugespitzt verläuft die Geschichte von Turandot in gleicher Weise. Nach der Methode von Freud steht das Rätsel, das eine bestimmte Frau stellt, für das Enigmatische des Weiblichen ganz allgemein. Die Lösung der Aufgabe kreist um die Sexualität und das Wissen darum auf unbewusster Ebene. Wer das Geheimnis des anderen Geschlechts versteht, gelangt nach psychoanalytischer Auffassung zur Reife. Während aber im Mythos die Sphinx und Jokaste sich töten und Ödipus sich blendet, enden die grimmschen Rätselmärchen und die Turandot-

Geschichte für die Prinzessin und ihren Helden in einer glücklichen Ehe. In KHM 17 enthüllt die Sprache der Tiere eine verschleierte Version des Rätsels der Sphinx und damit den Ödipuskomplex. Sie verweist damit auf den ganzen Symbolraum des Triebbereichs und speziell des Phallus.

Eine andere psychoanalytische Perspektive deutet Königstöchter wie Turandot von ihrer Mutterlosigkeit her. Deren seelische Energie richtet sich auf das väterliche Vorbild und die Welt des Über-Ich. Das Schicksal dieser Rätselprinzessinnen ist es, sich geistig zu emanzipieren statt instinktiv in ihre Bestimmung als Frau hineinzuwachsen. In KHM 17 ist der Vater so schwach und unbedeutend, dass er ständig dem selbstherrlichen Willen seiner Tochter nachzugeben scheint. Daher können für die Psychoanalyse die Werte, die der König repräsentiert, keine ausschließliche Geltung mehr beanspruchen und bedürfen der Erneuerung. So soll der notwendige Regenerations- und Wandlungsprozess vom weiblichen Wesen der einzigen Tochter und Thronerbin ausgehen. [60]

Jungs Analytische Psychologie interpretiert die Konstellation um die Rätselprinzessin innerhalb des dynamischen Kraftfelds der Archetypen. In KHM 17 kommt der Held nun aus dem Reich des kollektiven Unbewussten heraus, in dem ihm die dankbaren Tiere begegnet sind, und gelangt „in eine große Stadt." Diese ist mit ihrem „Lärm und Gedränge in den Straßen" zunächst einmal der Sphäre des Bewusstseins näher als der Wald, in dem die Raben hausten. Sie hat genau wie das Schloss, die Burg oder das Dorf in der Symbolik weiblich-mütterlichen Charakter als Gefäß und Uterus, das oder der die Bewohner wie Kinder in sich enthält und sie darin beschützt. Städte wurden in der antiken Mythologie und in der Bibel als Frauen dargestellt. Die beiden Muttergöttinnen Rhea und Kybele tragen die Mauerkrone als Sinnbild behütender Schirmherrschaft über die Kinder und Menschen, die ihnen anvertraut sind. Damit taucht hier wieder das Urbild der Großen Mutter aus dem Unbewussten auf und ragt in den Bereich des Bewusstseins hinein.

Überdies hat die Stadt strukturell die Form eines Mandala. Dieser ursprünglich aus dem Sanskrit stammende „heilige Kreis" ist ein universelles Symbol, das auf die Einheit des Universums, der Schöpfung und des Menschen hinweist und damit auch den zentralen Archetyp der Seele repräsentiert. Die befestigte Stadt bedeutet die unerschütterliche Unangreifbarkeit des Selbst. Sie stellt eine unzerstörbare Macht und eine in sich geschlossene Ganzheit dar, die Bewusstsein und Unbewusstes vereint. In KHM 17 beherbergt sie eine stolze Prinzessin, die ihren Freiern unlösbare Aufgaben stellt, oder in KHM 92, im Märchen" Der König vom goldenen Berg", erscheint sie als Schloss und enthält im letzten Zimmer eine Schlange, die auf ihre Erlösung wartet. Beide Gestalten verkörpern verschiedene Varianten des weiblichen Urbildes in der Psyche des Helden, was es jetzt noch zu differenzieren gilt. [61]

Die Analytische Psychologie unterscheidet zwischen der femininen Persönlichkeitskomponente des Mannes und dem Archetyp, den dieser vom Wesen der Frau in sich trägt. Das Urbild ist übermenschlicher Natur und erscheint als Große Mutter, Liebesgöttin und „Herrin Seele", der mit Ehrfurcht zu begegnen ist. Auseinandersetzen muss sich der Mann mit seiner persönlichen Anima, der ihm zugehörenden Weiblichkeit. Diese beiden verschiedenen Aspekte der Frau werden von Erich Neumann Elementar – und Wandlungscharakter genannt. Der Erstere hat die Tendenz, das aus ihm Entstehende festzuhalten und wie eine ewige Substanz zu umfassen, und ist damit die Grundlage für die konservative Struktur, die das Mütterliche bestimmt. Nähren, Schützen und Wärmen sind die positiven Funktionen, in denen sich der Elementarcharakter des Weiblichen gegenüber dem Kind auswirkt.

Im Gegensatz dazu bringt der feminine Wandlungscharakter das Bestehende zur Bewegung, Veränderung und Erneuerung. Diese dynamische Qualität des Weiblichen wirkt drängend, treibt zur Entwicklung an und erzeugt lebendige Unruhe. Die persönliche Anima ist die bevorzugte Trägerin des Wandlungscharakters, dessen Faszination den Mann zu allen Abenteuern der Seele und des Geistes in der Innen- und Außenwelt ermutig und zugleich verführt. In den Märchen stellt sie dem Helden Aufgaben, die er lösen muss. Dabei tritt sie ihm scheinbar negativ-feindlich gegenüber, zwingt ihn aber durch ihre provozierende Abwehr zur Steigerung, fordert seine höchste Anstrengung heraus und stimuliert so seine Fähigkeit zur schöpferischen Wandlung. Rätselprinzessinnen wie Turandot töten zwar die Freier, die ihre Prüfung nicht bestehen können, schenken sich aber gern dem Sieger, dessen Überlegenheit sie schließlich selbst erlöst. Gerade auch die tödlich scheinende Anima enthält somit die positive Möglichkeit des Wandlungscharakters, der durch den unmenschlichen Ansporn den seelischen Reifungsprozess vorantreibt, damit dieser zu einer vertieften Menschlichkeit führe.

Sich auf diese Entwicklung einzulassen, bedeutet auch, sich auf den Instinkt des Tuns auszurichten, der Kultur schafft. Damit ist gemeint, dass die Anima hier die schöpferischen und geistigen Energien des Helden und seines Körpers zum Ausdruck bringt. In KHM 17 wirkt der König so schwach, dass seine Tochter innerlich ganz auf sich allein gestellt ist. Sie vermag sich daher auf der archetypischen Ebene nicht wie in anderen Märchen als Anima auf das Urbild eines dämonischen alten Weisen zu beziehen, wie er sich mythologisch etwa in Odin/Wotan verkörpern kann, sondern erscheint durch ihre maßlose Überheblichkeit aus eigener Verantwortung heraus zwiespältig mit scheinbar negativem Vorzeichen, hilft aber gerade dadurch dem Jüngling, sein Selbst zu gewinnen.[62]

Der Wandlungscharakter des Weiblichen entspricht nach den bisherigen Darlegungen der Rätselprinzessin des Märchens und der Elementarcharakter dem Schutzgeist des Schamanen. Aber in KHM 17 existiert diese beschirmende Kraft der Frau vordergründig nicht, hier bestimmt die Königstochter mit ihrem Stolz die Szene. Die Stadt ist ein zu unscheinbares statisches Symbol, um adäquat die Große Mutter repräsentieren zu können. Hier sei wieder einmal auf die Titelgestalt der weißen Schlange verwiesen, die nur am Anfang des Märchens kurz auftaucht, aber durch den Genuss ihres Fleisches den Diener zu seiner Berufung initiiert und damit das ganze weitere Geschehen auslöst. Durch diesen Tabubruch kommt der Held mit den dankbaren Tieren in Kontakt, entfaltet dabei die Kraft seines mitleidigen Herzens und fühlt sich dadurch ermutigt, sich den Aufgaben der Prinzessin zu stellen. Daher dürfte die weiße Schlange die „ayami" ihres Dieners und damit zugleich auch den Elementarcharakter des Weiblichen verkörpern, der ihn nährt, schützt und wärmt, ihn diskret aus dem Hintergrund heraus auf seinem Weg begleitet und alles dafür tut, damit er sein Glück findet. Diese Symbolgestalt des Archetyps der Großen Mutter veranlasst unterschwellig, dass der Jüngling die Königstochter unbewusst in ihrem Wesen erkennt, „alle Gefahr" vergisst und sein Leben wagt, um sein Schicksal zu erfüllen.

Da der Wandlungscharakter ursprünglich aus dem Elementarcharakter hervorgeht und erst im Laufe des Individuationsprozesses von ihm unabhängiger wird, könnte man die Prinzessin in KHM 17 symbolisch als „Tochter" der weißen Schlange auffassen, die aus dem Enthalten- oder Umfasst-Sein in der Großen Mutter heraustritt und nun ihren Weg selbstständig geht. Hinter der Todesdrohung gegenüber den Freiern steht vielleicht auch sinnbildlich ein negativer Aspekt des Elementarcharakters, nämlich das alte „Schlangengift", das bei Überdosierung tödlich, aber bei Verabreichung einer geringen Menge heilend wirkt. Nur wer die Gabe eines mitleidigen Herzens besitzt, wird die Kenntnis der Tiersprachen zum Heil für sich und die Umwelt anwenden. Oder auch nur derjenige, der in sich gefestigt ist, kann die Fragen der Rätselprinzessinn aus der bewussten Erfahrung seiner Lebensganzheit beantworten und die Prüfung bestehen. Auch der Schamane muss eine starke innere Kraft und eine gute Nervenkonstitution haben, um initiiert werden und später auch angemessen heilen zu können.

In KHM 17 testet quasi die Anima unterschwellig im Auftrag der Großen Mutter, aber nach außen hin völlig eigenständig die Qualitäten des Helden-Ich und fördert dadurch auch sein seelisches Wachstum. Sie tut dies, indem sie ihm drei unlösbar scheinende Aufgaben stellt. Die Dreizahl verweist hier wieder auf die Göttin des Matriarchats und den Archetyp der Magna Mater, was noch dadurch unterstrichen wird, dass die drei dankbaren Tierarten nun sich als Helfer des Ich betätigen. Was der Held vorher im Durchgang durch das kollektive Unbewusste an instinktiven Fähigkeiten erworben hat, soll er jetzt real umsetzen – außen durch adäquate Aktivität und innen durch vollständige Wandlung.[63]

4.3.1. Die ersten beiden Aufgaben der Königstochter für den Helden

Die erste Aufgabe spielt sich am Meer ab und besteht darin, dass der Jüngling einen „goldnen Ring", der „vor seinen Augen" in die Fluten geworfen wird, „aus dem Grunde" herausholen soll. Falls er dies nicht schaffe, müsse er „in den Wellen umkommen." Das Meer erscheint seit alters oft unheimlich und rätselhaft, ist daher mit der Vorstellung von unabsehbarer Weite und unergründlicher Tiefe, von Einsamkeit und Unausschöpfbarkeit verbunden. In altorientalischen Mythen gilt es als unersättliche, die Schöpfung bedrohende Macht. Seit Aufklärung und Romantik symbolisiert es den Grund der Welt oder die All-Einheit der Existenz, versinnbildlicht Tod oder Eros und steht sowohl für ein dynamisches Lebensgefühl als auch für die Ungeborgenheit des Daseins. Außerdem kommt es in Märchen oft als Grenze vor, die als Wasser des Todes das Diesseits vom Jenseits trennt. Doch es heilt nach abergläubischen Vorstellungen auch Krankheiten, reinigt Götter und Menschen von jeglicher Bosheit und erscheint gar als Sitz des Lichtes, dem die Sonne entsteigt.

Tiefenpsychologisch ist es ein Bild für die ununterscheidbare lebendige Ureinheit der Seele als des unbewussten, unerkennbaren Lebensgrundes, der vor jeglicher Einzelerscheinung existierte. Im zweiten Rätsel von Prinzessin Turandot repräsentiert es „die Mutter, die ihre kleinen Kinder nährt und ihre großen verschluckt." Hier bedeutet es das Unbewusste in seiner negativen verschlingenden Erscheinungsform, enthält aber zugleich in seiner Tiefe den schöpferischen Wert der Psyche, dem der Held des Märchens nachjagt. Sein

Wasser des Todes ist auch Wasser des Lebens, das im Mythos die Sonne zwar am Abend „verschluckt", am Morgen aus seinem Schoß wieder gebärt und am Tag „nährt." In dieser Symbolik zeigt sich besonders schön und deutlich das Urbild der Großen Mutter, die hier in KHM 17 einen Ort der Bewährung für das weitere Schicksal ihres Schützlings darstellt. [64]

Der Ring, welcher ins Meer „hineingeworfen" wird, erinnert an das verlorene Schmuckstück der Gattin des weisen Königs und schlägt so eine Brücke zum ersten Teil des Märchens. Doch aus dem „schönsten" Fingerreif der Königin wird nun ein „goldner Ring", wodurch sich die schon von C. G. Jung angedeutete Symbolik des „Runden" noch weiter intensiviert. Das edelste aller Metalle gilt als Sinnbild der Reife und Träger des Heiligen schlechthin. Gold steht für Sonne, Erleuchtung, Unsterblichkeit, Weisheit, Beständigkeit, Ganzheit und Unzerstörbarkeit. Für Homer ist es das Bindeglied zwischen Himmel und Erde. Sexuelle Fruchtbarkeit bedeutet es bei Zeus, der als Goldregen zu Danae kam und mit ihr Perseus zeugte. Es verkörpert als goldene Ähre von Demeter Ackerbau, Getreidewachstum, Sesshaftigkeit, Kultivierung, Wandlung und Reifung aus den Tiefen der Erde und Großen Mutter zum Licht des Himmels und Geistes.

Im Christentum erscheint Gold als Farbe der göttlichen Offenbarung und der Vision des „Himmlischen Jerusalem" am Schluss der Bibel, aber auch als Metapher der Erfüllungs- und Endzeit sowie als Symbol für Gottes ewigen Glanz und den geistlichen Schatz, den Christus geschenkt hat. Tiefenpsychologisch repräsentiert es die Unangreifbarkeit und Unerschütterlichkeit eines von der Welt abgelösten Bewusstseins, das frei von emotionalen Verwicklungen ist. Auch bedeutet es den höchsten Seelenwert und tritt daher oft in Verbindung mit den Urbildern des Selbst und der Anima auf, wie dies hier im Fall der Gestalt des Ringes geschieht. Wo Gold geopfert wird, geht es auch um die Möglichkeit des Verlusts der beiden genannten Archetypen. In einem Ritus vermählte sich früher der Doge von Venedig symbolisch mit dem Meer, indem er einen Ring hineinwarf. Dabei opferte er seine Individualität für das Amt des Gatten der Großen Mutter, die sich hier konkret in der Lagunenstadt verkörperte.

In KHM 17 bedeutet dieses Opfer aber Wandlung der bisherigen Lebenseinstellung des Helden und seines Ich, um in den Tiefen des Unbewussten den Schatz des Selbst zu finden und ihn der Anima zu bringen, damit er sich mit ihr im Akt der „Heiligen Hochzeit" dauerhaft verbinden kann. Das weibliche Seelenbild in Gestalt der stolzen Königstochter stellt genau diese Forderung an das männliche Bewusstsein des „schönen Jünglings", das auf seiner Ebene der Reflektion keine Lösung sieht und daher „unentschlossen" wirkt. [65]

In dieser ausweglos erscheinenden Situation greift das kollektive Unbewusste mit seiner hier typischen Verbindung von Selbst und Großer Mutter erstmals ein und schickt seine Symbolträger, um das verzweifelte Ich zu unterstützen und zu ermutigen. Der ersten Aufgabe im letzten Teil von KHM 17 entspricht die erste Spezies der drei dankbaren Tierarten, die sich nun alle als hilfreich erweisen wollen. Die drei Fische schwimmen „daher" und legen, von ihrem „mittelsten" gehalten, eine „Muschel" mit dem „Goldring darin" zu „Füßen des Jünglings" hin. Dies erinnert an den ersten Teil des Märchens, als sich „der Ring der Königin" im Magen einer Ente fand, die der Koch durch den Zugriff des ordnenden, unterscheidenden Logosprinzips getötet und ausgenommen hatte, um ihren inneren Schatz der Öffentlichkeit des Hofes und ihrem kollektiven Bewusstsein präsentieren zu können. Hier im letzten Abschnitt von KHM 17 geschieht keine zupackende Aktivität von außen mehr, sondern die Rettung erfolgt von innen her quasi „wie von selbst."

Die Muschel hat von der äußeren Form her eine gewisse Ähnlichkeit mit dem weiblichen Genitale und erscheint als Symbol für Liebe, Erotik und Fruchtbarkeit. Auch steht sie für den nährenden Mutterboden, Regeneration, Geburt und Ehe. Im Christentum repräsentiert sie Taufe, Begräbnis, Tod und Auferstehung. Bei den Griechen und Römern gewinnt sie eine ähnliche Bedeutung im Bild einer Reise über das Meer. Wie die Vulva übt sie auch allgemein eine apotropäische, Unheil abwehrende Wirkung aus und wird als Amulett gegen den bösen Blick, Zauberei und Krankheit getragen oder auf Gegenständen abgebildet.

In der antiken Mythologie tauchte Aphrodite/Venus nackt aus dem Schaum des Meeres auf und ritt auf einer Muschelschale zur Insel Zypern, wo sie ihren Kultort einrichtete. Als vorolympische Aphrodite Urania war sie die uralte Schöpferin des Mittelmeeres, die umfassende Göttin von Liebe, Leben und Tod sowie Herrin der Tiere und Perlen. Die Muschel enthält in KHM 17 den Goldring. Normalerweise birgt sie in sich eher eine Perle, die tiefenpsychologisch den Schatz der Seele, die schwer zu erringende Kostbarkeit in der Tiefe des Unbewussten und damit den Archetyp des Selbst symbolisiert. Die drei Fische als triebhafte Impulse des zentralen Urbilds und Boten der Großen Mutter bieten dem hilflosen Ich des Helden das leuchtende Sinnbild der psychischen Ganzheit organisch aus ihrer Mitte heraus an und legen es ihm freiwillig als Geschenk „zu Füßen."

Beim Individuationsprozess und bei den Initiationsriten der Naturvölker muss der Mensch selbst in das Dunkel des Unbewussten hinabsteigen, das die Form eines Drachen, eines Walfisches oder einer Riesenschlange annehmen kann. Dort muss er sich dann mit dem Ungeheuer in dessen Bauch auseinandersetzen, um danach dort die Perle oder den Schatz der Tiefe zu finden und ans Licht des Bewusstseins zu heben. In KHM 17 ist der Jüngling aber kein patriarchaler Kämpfer gegen die Große Mutter, sondern ihr matriarchaler Diener, den sie in Gestalt der weißen Schlange für den Weg des Schamanen initiiert hat und der in ihrem Auftrag die Aufgaben der Anima lösen soll. Er ist keineswegs von aggressivem Heldenmut, jedoch im Gegenteil von einem „mitleidigen Herzen" geprägt, das ihn schon im Vorfeld dazu drängte, die Nöte unbewusster Aspekte der Seele zu beseitigen, und damit die Voraussetzung für den Lohn und die „Gnade" aus der Tiefe schuf. [66]

Den Schauplatz der zweiten Aufgabe des Helden bildet der Garten, in den die Königstochter hinabgeht, um dort „selbst zehn

Säcke voll Hirsen ins Gras" zu streuen. Diese muss der Jüngling bis zum nächsten Morgen „aufgelesen haben", wobei „kein Körnchen fehlen" darf. Das aus dem Altiranischen stammende und ins Griechische übernommene Wort „Paradies" bedeutet „Garten" und bezeichnet einen geschützten Raum oder umfriedeten Bezirk, der eine zeitlose Sphäre des vorbewussten Lebens symbolisiert und als geglückte Synthese von Natur und Kunst eine Kulturleistung darstellt. So wird der Garten zum Sinnbild für die Gefilde der Seligen, das Totenreich, die Wohnung der Seelen sowie für die Psyche selbst und ihre Eigenschaften, die in ihr herangezogen werden. Als umzäunter, verschlossener Bereich steht er auch für die gezähmte und geordnete Natur und ebenso für den schützenden und jungfräulichen Aspekt des Weiblichen, der in Jesu Mutter Maria ihren idealen Ausdruck findet.

Im Alten Testament wird Jahwe selbst zum Gärtner, der in Eden den Menschen hineinsetzt. Dort entsteht ein geheiligter, aus dem Chaos ausgegrenzter Ort überirdischer Freuden und voller Stille, Geborgenheit und Friedfertigkeit aller Geschöpfe. Auch Christus erscheint am Ende des Johannesevangeliums in der Rolle des Gärtners. Ebenso kann der Teufel in dieser Funktion auftreten. Sagen aus Siebenbürgen machen aus ihm den Besitzer eines Zaubergartens, der in einer tiefen Felshöhle liegt. Die Brüder Grimm erzählen von Frau Holle Ähnliches. Die Göttin des deutschen Volksglaubens hat danach unter ihrem Teich einen Garten, in dem sich die ungeborenen Kinder aufhalten. Das Märchen gestaltet ganz allgemein diesen umfriedeten Bezirk zu einem Reich voller Geheimnisse, Schrecken und Gefahren um, in dem das Zauberhafte schlechthin geschieht und sich Reales und Wunderbares auf augenfällige Weise verbinden.

Hier ist der Garten außerdem ein Ort der Begegnung des Helden mit seiner künftigen Partnerin, mit übernatürlichen Helfern, aber auch mit dämonischen Wesen. So kann er leicht zu einen Raum werden, in dem sich verwandelte, verwünschte und damit erlösungsbedürftige Gestalten aufhalten. Liebenden dient er als Symbol der Verschwiegenheit und Intimität für ihre geheimen Zusammenkünfte. Das Mittelalter machte daraus positiv den „Minnegarten" mit Musik, Spiel und Tanz, aber negativ den „Garten der Lüste" mit Verlockungen zum Bösen. Im Märchen stellt der umhegte Bezirk ein Sinnbild für Werden und Vergehen, für Leben, Verwandlung und Tod, für Freude, Glück und Liebe, für Bewährung und Reifung dar. Dem Helden werden hier verschiedene Arten von schwierigen, oft auch unlösbaren Aufgaben gestellt. Wichtige Helfer dabei sind Ameisen, andere Insekten oder Vögel, die unzählige winzige Gegenstände sammeln und sortieren.[67]

Tiefenpsychologisch gesehen ist der Garten eines der ältesten Symbole für den weiblichen Leib. Die Psychoanalyse würde diese Zuordnung noch deutlicher auf die Sexualität beziehen und auf die Vagina einengen, die Methode von C. G. Jung sie um die Dimension eines Sinnbildes des hegenden, umschließenden Uterus erweitern. Das Paradies wurde in der Gnosis gelegentlich auf solche Weise gedeutet. Als Symbol des mütterlichen Urgrundes der menschlichen Seele erscheint der Garten als Ursprungsland der Psyche und Ziel der Lebenswanderung zugleich. Er repräsentiert das Unbewusste, welches das Ich nährt und seine Entwicklung begleitet. So stellte er quasi die „matrix" dar, die das Bewusstsein ohne sein genaueres Wissen von Geburt an ständig umfriedet. In ihm verkörpert sich sinnbildlich der Archetyp des Großen Weiblichen, der aber nicht nur gütig, spendend und wärmend, sondern auch furchtbar, dunkel und zerstörerisch wirken kann.

In seinem negativen Aspekt bedeutet daher der Garten den Bereich des unbewussten Schattens mit seinen destruktiven Leidenschaften, die dem Leben jegliche Fortbewegung unmöglich machen. Auf dieser Ebene erscheint er trotz seines zauberisch-schönen Scheins als gefährliches paradiesisches Gefängnis. Außerdem repräsentiert der Garten einen abgeschlossenen Bezirk, einen „temenos", und wird damit zu einem Mandala. Daher verweist er tiefenpsychologisch auf den Archetyp des Selbst, auch wenn er grundsätzlich von weiblicher Natur ist. Er verkörpert die Stätte der Heilung und Auferstehung und als Mandala das Gefäß der Wandlung und Wiedergeburt. In KHM 17 gehört er der Königstochter und ist damit als Symbol der Großen Mutter und zugleich des Selbst letztlich aber der Anima des Helden zugeordnet, deren scheinbar zerstörerische Handlungsweise auf diesem Hintergrund letztlich sich nur segensreich auswirken kann. [68]

Die Hirse, die von der Prinzessin „ins Gras" gestreut wird, zählt in Europa zu den ältesten Getreidearten und verweist ebenso wie der Garten auf den Symbolbereich der Erde. Ihre Samen verwendete man ursprünglich zum Brotbacken. Wegen der vielen Körner ist die Hirse ein verbreitetes Sinnbild für Fruchtbarkeit und spielt in Hochzeitsbräuchen und im erotischen Zauber etlicher Völker eine Rolle. Auch gilt sie als Speise der unterirdischen Zwerge und Hausgeister und besitzt Übel abwehrende Eigenschaften vor allem im Kampf gegen Hexen. Letztlich symbolisiert sie wie alles Korn das vegetative Leben, das aus dem dunklen Mutterschoß der Erde zum Licht emporkeimt und auf diese Weise wächst. In der griechisch-römischen Mythologie wird sie so zum Kennzeichen von Demeter/Ceres mit ihrer dreifaltigen Struktur. Kore steht für das grüne Getreide, Persephone für die reife Ähre und Hekate für das geerntete Korn.

Die Hirse als Sinnbild der Fruchtbarkeit verweist natürlich besonders auf den zweiten Aspekt der Erdgöttin, der als „Herrin des Totenreiches", „erotische Nymphe" und „dunkle Seite von Aphrodite" bereits charakterisiert wurde. Die Ähre ist speziell das Symbol von Persephone als unterirdischer Tochter-Variante von Demeter. In beiden Göttinnen verkörpert sich der Archetyp des Großen Weiblichen, der das Korn zu Brot und Hostie, zum Rausch- und Heilgetränk wandelt. Gerade dieser Übergang von der Naturebene auf die Geistesstufe eröffnet die Perspektive des zentralen Urbilds der Seele. Das kleine Hirsekorn enthält keimhaft seine spätere Entwicklung bis hin zur Transzendenz in sich und wird daher auch zu einem Symbol des Selbst. In dieser Dimension der „übergeordneten Persönlichkeit" oder Ganzheit des Menschen gehört nach Jung auch Demeter mit ihrer dreifaltigen Struktur. [69]

Die „zehn Säcke voll Hirsen" zeigen noch einmal konzentriert die Verschränkung der beiden wichtigsten Archetypen in KHM 17. Die Hülle für die Getreidekörner bedeutet Verborgenheit, Verschwiegenheit und Zurückhaltung und enthält in Mythen Schätze und Energien, die nur bei angemessenem Gebrauch ihre positiven Wirkungen entfalten können.

Tiefenpsychologisch ist der Sack ein dunkles Sinnbild des Uterus und gehört zur Gefäßsymbolik des Elementarcharakters der Großen Mutter. Er entspricht der Muschel, die bei der ersten Aufgabe den Goldring enthielt. „Zehn" repräsentiert die Zahl des Kosmos und das Paradigma der Schöpfung, Urgrund und Polarität, Vollendung und Ganzheit sowie die Rückkehr zur Einheit auf höherer Stufe. Bei den Pythagoräern wurde die Dekade zur Summe allen Wissens und zum Inbegriff der Vollkommenheit. In der christlichen Tradition gilt sie als Zahl Jesu Christi und verweist in der Analytischen Psychologie auf das Selbst. Doch in KHM 17 ist das Streuen der zehn Säcke „ins Gras" Ausdruck des eigenmächtigen Stolzes der Königstochter, deren unangemessenes Verhalten die Ordnung von Mutter Erde oder Göttin Natur sowie des zentralen Archetyps zu stören scheint.

Das Ich des Helden weiß auch in diesem Fall keine Lösung gegen die aggressive Herausforderung der Anima, sitzt „traurig im Garten" und erkennt auch diesmal nicht die schöpferischen Möglichkeiten seines Unbewussten. Es muss einfach nur passiv abwarten und ergeben auf die Lebendigkeit der autonomen Abläufe seines Körpers vertrauen. Diese finden nun ihren adäquaten Ausdruck in den Ameisen, die von ihrem König als Verkörperung des alten Weisen und des Sohngeliebten der Großen Mutter angeführt werden. Die kleinen Tiere setzen das männliche Logosprinzip konstruktiv in die Tat um, verwandeln durch Unterscheiden und Einordnen das von der Anima verursachte Triebchaos wieder in das ruhig sich entfaltende Wachstum des umhegten Bezirks der Magna Mater und dienen so den Zwecken ihrer Herrin Persephone, die das weibliche Erosprinzip nicht nur in der Erde, sondern auch zwischen Mann und Frau verwirklichen will, damit durch deren Verbindung auch die Ganzheit des Selbst als Ziel der Entwicklung des Menschen erreicht werde. Die ganzen Symbole der beiden Prüfungen von Meer, Muschel und Ring bis zu Garten, Hirse und zehn Säcken weisen in diese zuerst von der weißen Schlange vorgegebene Richtung. [70]

4.3.2. Der Apfel vom Baum des Lebens als dritte Aufgabe für den Helden

Die dritte Aufgabe des Helden besteht darin, dass er der Prinzessin „einen Apfel vom Baume des Lebens" bringen soll. Im Gegensatz zu den ersten beiden Prüfungen gibt es hier keinen eigentlichen Schauplatz, der den Hintergrund für die Lösung des Problems bildet. Die Fassung der dritten Auflage des Märchens erwähnt überhaupt keinen Ort des Geschehens, sondern lässt den Jüngling irgendwo im Grunde so lange warten, bis einer der drei jungen Raben „den Apfel von dem Baume des Lebens" im Schnabel bringt und „in die Hand" des Helden fallen lässt. Hier erzählt die Ausgabe letzter Hand das Ende von KHM 17 etwas detaillierter und dynamischer. Darin macht sich der Jüngling auf, wandert „durch drei Königreiche" und kommt schließlich „in einen Wald." Das Ziel seiner Reise ist „der Baum des Lebens"; aber den Schlusspunkt dieses fragwürdigen Unternehmens stellt irgendein „Baum" dar, unter dem er „schlafen" will und von dem herab wie durch ein Wunder „ein goldner Apfel" in seine Hand fällt.

Damit wird noch einmal besonders deutlich, dass die Hauptfigur von KHM 17 ganz allgemein ein „homo viator", d.h. ein Mensch ist, der sich auf dem Weg befindet. Die Suchwanderung erfolgt in vielen Märchen geradezu aus diesem Charakter der Helden und gestaltet sich oft in Form einer Jenseitsreise, die manchmal durch drei kosmische Reiche in die Ferne gelegentlich bis zum Ende der Welt führt. Dabei geht es darum, nichtirdische, unerreichbare Gegenstände herbeizuschaffen. Wesen jenseitiger Herkunft begleiten häufig den wandernden Heros und stehen ihm mit ihren wunderbaren

Gaben hilfreich im Hinblick auf seine Bewährungs- oder Mutproben bei, denen er im Verlauf seiner Reise ausgesetzt ist.

So beginnt der Weg des Helden gewöhnlich mit einer Mangelsituation und wird gerade im Durchgang durch den jenseitigen Bezirk zur Suchwanderung, die psychologisch die Selbstfindung bedeutet, aber noch nicht zur Erlösung führt, wenn nicht unterstützende Gestalten aus der Höhe wie etwa Vögel oder Engel hinzutreten. Nach C. G. Jung repräsentiert der Individuationsprozess des „homo viator" das Abenteuer der Nachtmeerfahrt, deren „Ziel und Ende" nach einer tiefen Wandlungserfahrung „die Auferstehung und die Todüberwindung ist." Denn gerade im jenseitigen „Gefahrbezirk" des kollektiven Unbewussten kann die „schwer erreichbare Kostbarkeit" des Selbst gefunden werden, welche letztlich allein die Heil- und Ganzwerdung des Heros bewirkt. [71]

Das Symbol des Baumes erscheint in KHM 17 bei der dritten Aufgabe des Jünglings einerseits als ideales Sehnsuchtsziel und andererseits als reale Endstation der Suchwanderung des Helden. Es besitzt auch eine Vielschichtigkeit von Bedeutungsebenen, die in Mythen, Märchen und sonstigen Erzählungen ihre schillernde, geheimnisvolle Wirkung auf ganz verschiedene Weise entfaltet. Auf den ersten Blick erscheint es als Inbegriff der Vegetation und als dynamisches Leben im Gegensatz zum statischen des Steins. Darüber hinaus bildet der Baum symbolisch die Synthese von Himmel, Erde und Wasser und verbindet durch Wurzeln und Krone den Bereich der Unterwelt mit der Sphäre des Geistes. So versinnbildlicht er den nährenden, schützenden, tragenden Aspekt der Erde, die Weltzentrum und Lebensquelle zugleich darstellt und oft als „Göttin Natur" oder „Mutter Erde" personifiziert wird. Auch repräsentiert er die Macht der unerschöpflichen und Fruchtbarkeit bringenden Wasser im Zeichen der Großen Göttin. Seine Zweige reichen bis in den Himmel, der in diesem Zusammenhang die Unsterblichkeit, Weite und Weisheit des Geistes bedeutet.

Allgemein galten Bäume als weiblich und wurden im Mittelalter oft als „Frau" angeredet, woraus dann der Glaube an ihre Wesensgleichheit mit den Menschen erwuchs. Sie wurden als beseelte Geister verehrt, denen man auch Opfer brachte. In der germanischen Mythologie erschuf Odin/Wotan mit zwei anderen Göttern aus einer Esche und einer Ulme das erste Menschenpaar. Der Baum erscheint überhaupt in den religiösen Vorstellungen vieler Völker als Bild des Kosmos, als Symbol des Lebens, als Mittelpunkt der Welt und als Verkörperung von Auferstehung und Wiedergeburt. Nicht nur bei den Indoeuropäern, sondern auch bei den Asiaten und Afrikanern begegnet die Auffassung vom Himmels-, Welten- und Lebensbaum, die jeweils verschiedene Seiten der gleichen Symbolik akzentuiert und dabei auch gelegentlich das Zusammenfallen von zwei der drei Aspekte durchaus möglich macht. [72]

Im Schamanismus wird der fließende Übergang zwischen den Bezeichnungen bis zur Austauschbarkeit besonders augenfällig. Hier sind Himmels- und Weltenbaum praktisch meist identisch, wobei der erste Ausdruck nur die spezifische Dimension des zweiten allgemeineren enthält. Der schamanische Kosmos besteht aus drei Schichten: der Unter-, Erden- und Himmelswelt. Der Weltenbaum, der personifiziert auch als „Weltenmann" gedacht wird, verbindet nun als kosmische Achse diese drei Regionen. Er taucht mit seinen Wurzeln in die unterirdische Sphäre hinab, erhebt sich im Zentrum der Erde quasi aus ihrem „Nabel" heraus und berührt mit seinen Zweigen den Himmel, der von den sibirischen Völkern oft als Palast des höchsten Gottes vorgestellt wird. Dabei repräsentiert dieser Baum das Universum in ständiger Regeneration und die unversiegliche Quelle des Heiligen, symbolisiert den Planetenhimmel, bildet das Reservoir des kosmischen Lebens und zeigt sich umfassend als Herr des Schicksals.

Der künftige Schamane muss bei seinen Initiationsritus einen Baum als Sinnbild einer ekstatischen Himmelsreise besteigen. Meist handelt es sich dabei um eine Birke, die „Wächter der Pforte" genannt und als konkretes Abbild des Weltenbaumes aufgefasst wird. Sie öffnet symbolisch den Eingang in den Himmel und hat sieben oder neun Kerben, die an ihrem Stamm angebracht sind und den verschiedenen Planetensphären entsprechen. Die ekstatische Besteigung bedeutet den Übergang von einer niedrigen ontologischen Ebene zur höheren bis zur höchsten. Indem der Schamane die Welt transzendiert, erlangt er tiefere Erkenntnis und Weisheit, die nur Eingeweihten zugänglich ist. Wenn er den Wipfel des Baumes als quasi letzten Himmel erreicht, erhält er Auskunft auf die Frage nach der Zukunft der Gemeinschaft und dem Schicksal der Seele. Dies tut die Lebensmutter, die an diesem jenseitigen Ort wohnt und dem Reisenden die Ausrüstung für seine beruflichen Aufgaben schenkt. Sie wird seine künftige „himmlische Gattin" und geht mit ihm eine Beziehung ein. Der Baum, der in die Höhe zu ihr hinführt, repräsentiert ihr Leben, und der ganze Initiationsritus versinnbildlicht die Hochzeit des Schamanen mit seiner Geisterbraut. [73]

Die Esche Yggdrasil in der germanischen Mythologie verbindet die Symbolik von Welten- und Lebensbaum. Sie repräsentiert und bildet das Universum und steht gleichzeitig in dessen Zentrum. Zwischen ihren Zweigen wohnen Sonne, Mond und Sterne. Ihr Wipfel berührt den Himmel, ihre Äste umarmen die Welt, und ihre Wurzeln reichen bis in das Land der Toten, der Riesen und der Menschen hinab. An ihrem Fuß liegt die riesige Midgardschlange, die sich im Weltenmeer wie ein Ring um Midgard schlingt, das Reich der sterblichen Menschen. Solange sie ihren Schwanz im Maul behält, hütet sie die Welt wie einen Schatz. Der Drache Nidhögg nagt dauernd an den Wurzeln der Weltesche und versucht so diese zu fällen. Er wirkt ausschließlich als Schädling, der Schrecken und Verderben bringen will, und verkörpert überhaupt die destruktiven Kräfte des Kosmos.

Yggdrasil bedeutet übrigens „Ross des Ygg", was einer der Namen von Odin/Wotan ist. Der höchste germanische Gott bindet sein achtbeiniges Pferd Sleipnir an den Weltenbaum oder weidet es in dessen Geäst. Er hängt auch dort neun Tage und Nächte, erwirbt dabei nach Verlust eines Auges seine magischen Kräfte und wird durch den Besitz der göttlichen Runenkunde weise. Die immergrüne Esche Yggdrasil ist außerdem der Baum und die Quelle des Lebens. Unter ihren Zweigen halten die Götter Rat, und ihre Früchte sind die goldenen Äpfel, die von Idun als Göttin der ewigen Jugend behütet werden. Diese dienen Odin/Wotan und seinen Asen als Speise, schützen sie vor Krankheit und verleihen ihnen Unsterblichkeit. Sie werden auch nach altgermanischer Überlieferung Frauen gereicht, die nicht gebären können, und machen diese nach dem Verzehr fruchtbar. Die Weltesche lebt darüber hinaus im Märchen als Wunderbaum fort, der goldene Früchte trägt. [74]

Die zuletzt genannten Eigenschaften von Yggdrasil bilden den Übergang für die weiteren Deutungen des hier erörterten Märchensymbols. In der Botanik heißt der Lebensbaum Thuja und meint ein immergrünes Zypressengewächs, das in Europa als Hecken- und Zierpflanze besonders auf Friedhöfen zu finden ist. Er erscheint in Mythen, Sagen, Religionen und Legenden als Nabel der Welt und Mittelpunkt der Schöpfung sowie als Symbol ständiger Erneuerung und allgemeiner Fruchtbarkeit. Auch steht er in enger Beziehung zur nie versiegenden Urquelle, zum Lebenswasser oder Lebensbrunnen. Ebenso grünt und blüht er immer und verleiht denjenigen, die seine Früchte essen, Gesundheit, Jugend und ewiges Leben. Diese segensreichen Qualitäten besitzt er nicht nur bei den Germanen, sondern auch bei Griechen, Chinesen, Juden und vielen semitischen Völkern.

Keimen, Wachsen, Fruchttragen und Vergehen prägen ihn als vitales Wesen wie Mensch und Tier, mit deren Existenz er daher oft sinnbildlich verbunden wird. Außerdem repräsentiert er die über Gut und Böse hinausgehende Einheit des Kosmos und verkörpert auch Anfang und Ende eines Zyklus. Als Zentrum der Erde markiert er den Punkt, an dem das Göttliche dem Menschen zugänglich ist, und stellt ein Bild der Lebensordnung und der universellen Lebendigkeit dar. Indem er das Aufblühen und Absterben der Vegetation in sich schließt, umfasst er das gesamte Geschehen der natürlichen Abläufe. So wird er zum Lebensspender und Totenbaum und trägt damit die Zweideutigkeit jeglicher Existenz in sich. Wenn er etwa verdorrt, stirbt nach allgemeiner Vorstellung auch sein Besitzer.

Oder auch der Baum, an dem sich ein Mensch erhängt hat, erleidet danach ebenfalls den Tod. [75]

Die Große Göttin der Natur spielt in diesem Zusammenhang oft eine bedeutende Rolle. Wenn sie sich im Kosmos unter der Gestalt eines Baumes offenbart, ist sie zugleich die unerschöpfliche Quelle der Regeneration. Manchmal erhebt sie sich als nackte Erscheinung zwischen den Ästen und wird von einer Einfriedung umgeben. Die Verbindung von Großer Göttin und Lebensbaum war etwa schon in Ägypten bekannt. So wohnt Hathor in einer Sykomore, spendet dort Segen für empfangene Opfer, gibt den Seelen der Toten Trank und Speise und verleiht ihnen damit Unsterblichkeit. Auch Isis kann als Schöpfergöttin in einem ähnlichen Kontext auftauchen.

Im sumerisch-babylonischen Kulturkreis ist Inanna die Große Göttin, deren Lebensbaum als Achtblattrosette erscheint. Ihr Geliebter Dumuzi füttert davon als göttlicher Hirte die Tiere und tränkt sie mit dem Lebenswasser. Abgeleitet war davon die Vorstellung, dass der König von Sumer zusammen mit den Göttern in Dumuzis Garten gelebt und dort den Lebensbaum als Gärtner gepflegt habe. Das sumerische Fragment „Gilgamesch und der Huluppu-Baum" erzählt von der noch jugendlichen Inanna, die sich vor drei unheimlichen Wesen fürchtet. In ihrem heiligen Garten wächst ein Baum, der von einer Schlange, einem Vogel mit seinen Jungen und der Dämonin Lilith bewohnt wird. Als der Held Gilgamesch vom Problem der jungen Göttin erfährt, erschlägt er die Schlange, fällt den Baum und vertreibt so die beiden anderen dunklen Geister.

Das später entstandene babylonische „Gilgamesch"-Epos weist eine gewisse Parallele zu dieser Geschichte auf. Der Heros dringt hier in den Garten der Großen Göttin ein, fällt deren heilige Zeder und tötet das Ungeheuer Chumbaba, das einen Schlangenschwanz besitzt und den Lebensbaum bewacht. Inanna erscheint im Epos unter dem Namen „Ischtar" und bietet Gilgamesch die Ehe an, was dieser aber schroff abgelehnt. Eine andere Verkörperung der Großen Göttin repräsentiert im weiteren Verlauf der Handlung die Nymphe Siduri, die der Held in einem wunderbaren Garten am Meeresstrand trifft und die ihm bei seiner Suche nach Erlangung der Unsterblichkeit weiterhilft. Ihr ist der Weinstock geweiht, der in Sumer und Babylon als Wunder- und Lebensbaum verehrt wurde.

Der alttestamentliche Schöpfungsbericht ersetzt die Göttin Natur durch Jahwe, der das Paradies erschafft und es als Gärtner pflegt. In seine Mitte pflanzt er den „Baum des Lebens", der Unsterblichkeit verleiht (Genesis 2,9). Denn nach dem Sündenfall schickt Gott Adam und Eva „aus dem Garten von Eden" weg, damit der Mensch von diesem Wundergewächs nicht „isst und ewig lebt" (Genesis 3,22). Die fromme Dichtung und Philosophie des Mittelalters macht dann viel später Jesus als zweiten Adam und Maria als zweite Eva zu den christlichen Ausprägungen der uralten Lebensbaumsymbolik.[76]

Die Tiefenpsychologie bemüht sich überhaupt nicht, das vielschichtige Sinnbild so weit auszudifferenzieren, wie es gerade ansatzweise versucht wurde, sondern nimmt die fließenden Übergänge der Bedeutungsnuancen als gegeben hin und verbindet sie mit ihren ureigenen Kategorien. Ob sie nun vom Baum allgemein oder speziell vom Lebens-, Welten- und Himmelsbaum spricht, ist ihr letztlich gleichgültig. C. G. Jung sieht in ihm vor allem ein Symbol der Libido im Sinne einer umfassenden seelischen Energie, die sich sowohl auf triebhafte Grundbedürfnisse als auch auf geistige Vorstellungen beziehen kann. Der Baum weist für ihn besonders eine bisexuelle Ambivalenz auf und stellt zunächst einmal ein Sinnbild der Mutter dar. Doch die Weiblichkeit des Gewächses, das die Große Göttin repräsentiert, ist mit phallischer Symbolik vermischt und besitzt so auch eine männliche Seite. Nach Jung werden das Kreuz Christi und die Esche Yggdrasil beim Weltuntergang zu Verkörperungen der bewahrenden Mutter und der Doppeldeutigkeit von Lebens- und Todesbaum zugleich.

Erich Neumann präzisiert und erweitert diese Interpretation vor allem um die historische Dimension. Er sieht in der Göttin Natur als Große Mutter den Weltenbaum, der die Sphären von Mensch, Tier und Pflanze überdacht, birgt und ernährt. Dieses Symbol gehörte ursprünglich zur matriarchalen Bildwelt, wurde aber dann in die Domäne der patriarchalen Gottheit eingebaut. Für Neumann bedeutet der Baum gerade in Bezug auf Yggdrasil auch das Schicksal, das den Germanen als weibliche Macht in Gestalt der drei Nornen galt und dem sich auch Odin/Wotan durch das Hängen in die Zweige der Esche unterwarf. Die dreifaltige Göttin als Herrin des Schicksals und als Baummutter überwölbt das Leben des Menschen und führt es im Tod immer zu ihr selbst zurück. So bleibt der Baum gerade auch mit seiner phallischen Symbolik eine Stufe des Lebendigen, das der „Mutter Erde" in seiner Existenz und seinem Wachstum am direktesten verhaftet ist.

Nach Hedwig von Beit wurde die Große Göttin oft auch als Baum dargestellt, aus dem ihr Sohngeliebter hervorging. Viele Mythen und Märchen belegen diese Deutung. Damit wird der Baum zum Symbol der mütterlichen Urheimat, der Materie als des Grundstoffes der Welt, der unbewussten und der geistigen Entwicklung als Leben spendendes und als Tod bringendes Prinzip. So kann er auf umfassende Weise den Archetyp der Magna Mater versinnbildlichen. Er steht für Agnes Gutter auch in Beziehung zur Seele, die geradezu in ihm wohnt. Bleibt etwa ein Sohn zu lange bei seiner Mutter, so mahnt ihn das Märchen im Symbol des Baumes zum Aufbruch und zur Suche nach einer Frau. [77]

Im Rahmen seiner späteren Beschäftigung mit der Alchemie erweitert Jung seine oben genannten Auffassungen noch einmal beträchtlich. Dann interpretiert er den Baum als Sinnbild für den Lebens-, Wandlungs- und Individuationsprozess des Menschen schlechthin. In diesem Symbol verbinden sich für ihn Opfer, Tod, Wiedergeburt und Weisheit zu einer neuen Einheit der Persönlichkeit. Ausdruck dafür ist das Selbst als „matrix" der Existenz, aus der heraus sich alles Leben erst entfaltet. Im Verlauf der Individuation geht es primär um die Realisierung der Ganzheit des zentralen Archetyps im Sinne der Vollständigkeit des Menschen. Daher deutet Jung den Baum ebenso wie den Berg, den Stein und den Schatz als Symbol des Selbst, das sowohl die Vereinigung des Bewusstseins mit dem Unbewussten als auch die Gesamtheit der kosmischen Kräfte repräsentiert. In alchemistischen Texten wird der Baum als Stätte der Verwandlung und Erneuerung durch einen weiblichen Geist verkörpert, welcher in der Krone haust. Jung nennt ihn abwechselnd Melusine nach der französischen Nixe, Lilith nach der mesopotamisch-hebräischen Dämonin oder „ayami" nach der schamanischen Himmelsgattin.

Tiefenpsychologisch entspricht diese Gestalt dem Archetyp der Anima, die eine Brückenfunktion zu den tieferen Schichten des Unbewussten bis hin zum Selbst übernimmt. In der griechischen Mythologie gibt es die Vorstellung, dass die Dryade, wie dieser weibliche Geist hier heißt, mit ihrem Baum lebt und stirbt. Ein besonders eindrückliches Beispiel für diesen Zusammenhang erwähnt Emma Jung in ihrem Aufsatz „Die Anima als Naturwesen." Das tschechische Märchen „Libussa" schildert das Zusammensein einer Baumnymphe mit dem jungen Knappen Krokus. Sie lehrt ihn ihre Weisheit und erblüht im Umgang mit ihm zur schönen jungen Frau, muss ihn aber verlassen, als ihre Eiche eines Tages vom Blitz getroffen wird. Für Erich Neumann gehören die Nymphen zu den singenden, tanzenden und verkündenden Kräften des inspiratorischen Großen Weiblichen, bei dem das ursprungsentferntere Männliche in der Not Weisheit sucht und das im Fall des Knappen Krokus zur Anima wird. [78]

All die genannten vielschichtigen Bezüge des Baumsymbols spielen in die geheimnisvolle Konstellation der dritten Aufgabe hinein, welche die stolze Königstochter dem schönen Jüngling in KHM 17 gestellt hat. Aber das Märchen erweitert diesen Rahmen noch um eine weitere mysteriöse Ortsbestimmung. Die Fassung der Ausgabe letzter Hand erwähnt das „Ende der Welt, wo der Baum des Lebens steht." Wenn dieser Bereich in Märchentexten oft zusammen mit Sonne, Mond und Sternen auftaucht, ist ein Symbol der extremen Entfernung, ein schwer erreichbarer Aufenthalt übernatürlicher Wesen und eine Scheide zwischen Diesseits und Jenseits gemeint.

So erweist sich das Ende der Welt als eine der wichtigsten Bezeichnungen für das magische Reich, in dem sich der Kern aller eigentlichen Märchenhandlungen abspielt. Andere Namen für diese Dimension wären etwa „Garten der Götter", „das über dem Meer liegende Land", „die Insel der Seligen", „die Unterwelt", „das Paradies" oder „das Himmelreich." An diesem unzugänglichen Ort befindet sich der Weltenbaum, der das Ziel der Jenseitswanderung etlicher Märchenhelden bildet, oder der Lebensbaum, in dem die schwer zu erringende Unsterblichkeit konzentriert erscheint.

Tiefenpsychologisch wird das magische Reich der Toten und Ahnen, der ewigen Jugend, der großen Kraft und des langen Lebens als „Land der Seele" oder genauer als Sphäre des kollektiven Unbewussten gedeutet, die darin enthaltenen Symbole als Bilder des Selbst und der seelischen Ganzheit interpretiert. Zur magischen Welt gelangt der Märchenheld im unbewussten Zustand durch Schlaf, Tod, Entrückung oder Ekstase, und er erlebt also diese bewusstseinsferne Wirklichkeit nur visionär. Der schöne Jüngling aus KHM 17 befindet sich auch in einer Dämmerphase zwischen Wachen und Träumen, als die drei jungen Raben ihm vom „Baum des Lebens" am „Ende der Welt" erzählen. Gerade das „über dem Meer liegende Land" oder die „ferne Insel" weisen immer innerseelisch auf einen isolierten Bereich hin, der vom gewöhnlichen Tagesbewusstsein abgetrennt ist und daher von diesem nicht erfasst werden kann. [79]

Im keltischen Sagenkreis gibt es ein besonders prägnantes Beispiel für diesen geheimnisvollen Ort. Das magische Reich wird hier meist als Insel vorgestellt und als „Land der Lebendigen", „Land unter den Wellen", „Land der Verheißung", „Land der ewigen Jugend", „Insel der Frauen" oder „Insel der Seligen" umschrieben. Als Name für diese Sphäre wird am häufigsten in den Überlieferungen „Avalon" angegeben, was „Apfelgarten" oder „Apfelinsel" bedeutet. Die Bewohner genießen in ewiger Jugend und Schönheit ein leidloses Dasein, das von Musik, Tanz und Liebesfreuden erfüllt ist. Dieser Ort wird als irdisches Paradies, fruchtbares Land voll Getreide und

Obstgarten mit goldenen Äpfeln gedacht. Ein durchsichtiger, doch undurchdringlicher Luftwall trennt ihn von der Außenwelt ab und macht ihn als „Fata Morgana" zu einer „Glasinsel", die auf das keltische Totenreich verweist.

Avalon wird von neun Schwestern beherrscht, von denen die zauberkundige Morgane oder Morgain an erster Stelle steht. Dieser Name heißt soviel wie „meergeboren" und geht etymologisch auf die alte Wasser- und Muttergottheit Modron aus Wales und die irische Schlachten- und Leichendämonin Morrigan zurück. Auf ihrer Insel wirkt Morgane als Göttin der Liebe, Schönheit, Fruchtbarkeit und Wiedergeburt, aber auch des Krieges und Todes. Sie tötet den von ihr erwählten Helden, holt ihn in ihr abgeschlossenes „gläsernes" Paradies, erweckt ihn dort mit ihren Äpfeln zu neuem Leben und feiert mit ihm eine lange „Heilige Hochzeit." Daher gilt sie als große Zauberin und weise Ärztin, die alle Krankheiten heilt und das Schicksal bestimmt.

Im Laufe des Mittelalters entwickelte sich die ursprüngliche Herrin der keltischen Jenseitswelt immer mehr zur Verkörperung der Luxuria oder Frau Venus, die in ihrem Berg mit ihren Liebhabern ein ausschweifendes Leben führt. Auch erscheint sie nun im Sagenkreis um König Arthur als bösartige Schwester des Herrschers, die als seine Gegenspielerin auftritt und am Untergang seines Reiches mitschuldig wird, am Ende aber den todwunden Bruder zur Heilung auf einem Schiff nach Avalon bringt. Der altfranzösische „Lancelot"-Prosaroman zu Beginn des 13. Jahrhunderts zeigt Morgain nur noch als erotische Verführerin des Helden, die ihn gewaltsam auf ihrer Burg gefangen hält.

In der irischen Heldensage schenkt eine wunderschöne Frau dem Heros Connla einen Apfel, der seine Sehnsucht nach ihrem jenseitigen Reich weckt, und lockt ihn damit auf einem Kristallschiff in ihre „Lande der Lebenden." Bei der namentlich nicht genannten Fee dürfte es sich um Morgane/Modron/Morrigan, bei dem „wonnigen Gefilde" um Avalon handeln. Tiefenpsychologisch geht es bei dieser Entrückung um den Abstieg des männlichen Ich in das kollektive Unbewusste, in dem das übermenschliche Urbild der Anima herrscht. Der Held hat hier dem weiblichen Elementarcharakter nichts entgegenzusetzen, erliegt seiner Faszination und droht im Traumland des Feenparadieses zu versinken. [80]

Über die Darstellung des magischen Reiches von Avalon gelangt die vorliegende Interpretation von KHM 17 zum zentralen Symbol der Schlusskonstellation des Märchens. Der Apfel ist eine der ältesten Sammelfrüchte Europas und galt bereits den alten Kulturen als Sinnbild der Liebe, Fruchtbarkeit und ewigen Jugend. In Märchen und Sagen, aber auch im Volksglauben bewirkt er Verjüngung oder Unsterblichkeit, heilt Krankheiten, erweckt Tote und nährt, ohne abzunehmen. Auch verleiht er übernatürliche Stärke oder Schönheit, zeigt Jungfräulichkeit an, verhilft aber auch scheinbar unfruchtbaren Frauen, nachdem sie eine Frucht gegessen haben, zur ersehnten Schwangerschaft oder verwandelt auf die gleiche Weise eine erlösungsbedürftige Schlange in einen Menschen.

Durch seine runde Form ist er nicht nur ein allgemeines feminines Sinnbild, sondern symbolisiert im Besonderen geradezu das weibliche Geschlecht. Wenn er in Märchen rollt, weist er dem Helden den Weg, der ihn ins magische Reich der jenseitigen Welt führt. Schon in der Antike wurde er durch Zuwerfen als Liebeszeichen verwendet, dessen man sich auch im entsprechenden Orakel bediente. Durch seine Magie schenkt er nach dem Genuss außerdem übernatürliches Wissen und wird so zu einer Frucht der Wahrheit, Erkenntnis, Weisheit und Erleuchtung, was bisweilen zu seiner Identifizierung mit der Sonne beigetragen hat.

Neben diesen positiven lebensfreundlichen Aspekten hat der Apfel aber auch negative lebensfeindliche Züge. So steht er auch mit den Symbolbereichen des Todes, des Mordes, des Giftes, der Falschheit, der Zwietracht, der Versuchung, der Sünde, des Ungehorsams und der Selbstsucht in Verbindung. Da er als Totenspeise galt, wurde sein Genuss zu gewissen Zeiten als unheilvoll betrachtet. Wenn man von ihm im Winter träumte, bedeutete dies eine Leiche.

Einen blühenden Apfelbaum im Herbst interpretierte man als Zeichen des Todes. [81]

Eine besondere Form der Frucht stellt in diesem Zusammenhang der Granatapfel dar. Er repräsentiert unvergängliche Fruchtbarkeit, schöpferische Gestaltungskraft, unerschöpfliche Fülle und Unsterblichkeit. In der griechischen Mythologie erscheint er aber auch als Symbol des Todes. Kore, die Tochter der Erdgöttin Demeter, kostet ihn in der Unterwelt und muss daher drei Monate des Jahres im Winter dort bleiben. Als Persephone wird sie Gattin des Hades und damit Herrin von dessen Totenreich. Außerdem ist der Granatapfel noch Attribut von Demeter selbst, aber auch von Hera und Aphrodite und verkörpert dabei die periodische Wiederkehr des Frühlings und der Fruchtbarkeit auf Erden. Ansonsten geht seine Symbolik fließend in die Sinnbildlichkeit des Apfels über. Während der Erstere mehr die Vielheit oder Multiplizität darstellt, repräsentiert der Letztere mehr die Einheit oder Totalität.

Beide sind mit ihren unterschiedlichen Akzenten im Bild des purpurroten Liebesapfels zusammengefasst. Dieser ist ein altes matriarchales Symbol der Großen Göttin, die ihn ihrem Heros und Jahreskönig überreicht. Der Genuss dieser Frucht führt zur Erotik zwischen den Liebenden und dann zu Tod, Auferstehung und ewiger Jugend des Helden. Die hier genannte Konstellation schimmert indirekt in klassischen Mythen noch durch, so etwa in der Liebesgeschichte von Aphrodite und Adonis oder im Urteil des Paris vor Ausbruch des Trojanischen Krieges. Im Muster des matriarchalen Rituals entspringt nach dem Tod des Heros aus seinem Blut ein (Granat-) Apfelbaum als Zeichen für die neue Fruchtbarkeit der Erde.

Im Christentum tauchen diese Zusammenhänge verschlüsselt wieder auf, erhalten aber völlig andere, ja geradezu entgegengesetzte Schlusswendungen. Hier wird der Apfel vor allem zum Symbol des ersten Sündenfalls, erscheint aber in späteren Darstellungen als Attribut von Christus und Maria, die nun den neuen Adam und die neue Eva verkörpern, und steht damit letztlich auch für Erlösung und Vergebung. [82]

Die Psychoanalyse nach Freud neigt dazu, Sinnbilder, die in Märchen und Sagen auftauchen, einseitig auf ihre sexuelle Bedeutung zu reduzieren. Gerade der Apfel rechtfertigt diese Tendenz auf eine besondere Weise, weil er innerhalb dieser Erzählungen oft im Zusammenhang mit dem Erwachen der Geschlechtsreife auftritt und das Ich dann dazu anregt, tief in die Natur der Sinne einzutauchen. So symbolisiert er dabei Liebe und Sexualität in ihren wohltätigen wie in ihren gefährlichen Aspekten. In Religion und Kunst repräsentiert er außerdem die Mutterbrust und im allgemeinen Sinn auch die geschlechtlichen Begierden, die durch einen schwellenden Busen ausgedrückt werden.

Die Tiefenpsychologie von Jung schließt solche Deutungen nicht aus, integriert sie aber in umfassendere Bedeutungskontexte und erweitert sie dabei. Danach erscheint etwa der Apfel als Sinnbild des Eros und damit auch seines weiblichen Prinzips der Beziehung und Verbindung. Auf diese Weise zeigt er eine Nähe zur Anima, die ja zwischen Oberfläche und Tiefe der Seele vermittelt, und wird so gleichzeitig ein Symbol der Versöhnung zwischen dem Bewusstsein und dem Unbewussten im Menschen. Sein Genuss weckt die Träume im Körper und verwandelt das Ich durch den Kontakt zu seinem inneren Zentrum. Damit verkörpert der Apfel jene Liebeskraft, die zur Vollendung und Ganzheit führt und alles Leben verjüngt. Er erweist sich dabei als die schwer erreichbare Kostbarkeit, die der Märchenheld auf seiner Wanderung durch das magische Reich der Psyche sucht und am Ende dem Unbewussten entreißt.

Als kugelförmige Frucht versinnbildlicht der Apfel die Einswerdung aller Gegensätze und der Gottähnlichkeit. Auch ist er als Rundes an sich von jeher ein Symbol der Unangreifbarkeit, Unteilbarkeit und selbstgenügsamen Seligkeit, das sich nicht mit rein Äußerem vermischt. Ebenso stellt er den ewigen, unerschöpflichen Energiestrom des Unbewussten dar und wirkt in ihm als sinn- und richtunggebendes Prinzip. Alle zuletzt aufgezählten Bestimmungen, die der Frucht zugeschrieben werden, sind Kennzeichen des zentralen

Archetyps der Psyche. So repräsentiert der Apfel das höchste oder tiefste Selbst des Menschen, das alle Teile der Seele ganzmachend, heilsam und schöpferisch auf harmonische Weise vereinigt. [83]

4.4. Die Schlange, der Apfel und die Liebe

Die Fassung der dritten Auflage von KHM 17 erwähnt nur ganz allgemein „einen Apfel vom Baume des Lebens." In der Ausgabe letzter Hand des Märchens wird daraus eine goldene Frucht, die dem Jüngling „in seine Hand" fällt und die er „der schönen Königstochter" bringt. Wegen seiner Kugelgestalt gilt der Apfel auch als Sinnbild der Ewigkeit, besonders wenn er mit der Qualität des Goldes ausgezeichnet ist. Dies betrifft nicht nur bei den alten Germanen die Früchte der Weltesche Yggdrasil, die von der Göttin Idun behütet werden, sondern auch in der griechischen Mythologie die Äpfel der Hesperiden, die das hundertköpfige, vielsprachige Schlangenungeheuer Ladon bewacht. Die genannten Früchte symbolisieren Unsterblichkeit, weil ihr Genuss verjüngende Wirkung hat.

Bei den antiken Griechen gibt es die geläufige volkstümliche Vorstellung, dass die Schlange das Gold liebt und daher als Hüter von entsprechenden Schätzen erscheint. Im universellen Mythos des Helden kämpft der Heros an einem schwer zugänglichen Ort mit einer unheimlichen Macht, die meist die Gestalt eines schlangen- oder drachenartigen Ungetüms annimmt, besiegt sie nach harter Auseinandersetzung und gewinnt danach einen Schatz oft in Form von Gold. Häufig tritt Letzteres in Verbindung mit dem Archetyp des Selbst und seinen Sinnbildern auf, was aber auch auf den Apfel zutrifft. Farbe und Frucht bilden somit zusammen eine Einheit und verstärken durch die Doppelung ihrer Bedeutungsenergien den heil- und kraftspendenden Charakter dieser Ganzheit. Diese Zusammenhänge sollen nun am Beispiel der gerade erwähnten griechischen Sage von den goldenen Äpfeln der Hesperiden genauer erläutert werden. [84]

Als der Göttervater Zeus seine Schwester Hera heiratete, schenkte die alte Erdgöttin Gaia ihrer Enkelin einen Baum mit goldenen Äpfeln. Diese pflanzte ihn in ihrem eigenen Paradiesgarten weit im Westen der Welt ein und vertraute ihn dem Titanen Atlas und seinen Töchtern, den Hesperiden, zum Schutz und zur Pflege an. Doch die Gärtnerinnen versahen ihre Aufgabe schlecht und stahlen immer wieder goldene Äpfel. Als Hera dies merkte, bestellte sie die wachsame Schlange Ladon zur Hüterin, die sich um den Baum wand, um ihn so besser bewachen zu können. In späterer Zeit hatte der große griechische Held Herakles die Aufgabe, seinem Dienstherrn Eurystheus die goldenen Äpfel der Hesperiden zu bringen.

Nach der ältesten Sagenvariante kämpfte er deswegen mit Ladon und tötete die Schlange mit einem Pfeilschuss. Dann pflückte er die Früchte vom Baum und eilte mit ihnen davon. Hera weinte um ihre treue Wächterin Ladon und versetzte sie als Sternbild an den Himmel. Ihr Garten lag am Abhang des Gebirges von Atlas im Westen des Kosmos, wo allabendlich die Pferde des Sonnengottes Helios ihre Tagesreise vollendeten. Dieses Land der Hesperiden war für die alten Griechen ursprünglich wohl ein Stück Jenseits. Mythos und Märchen schildern die Reise dorthin als Nacht- oder Westmeerfahrt des Helden, deren Ziel die Gewinnung der goldenen Äpfel ist, wie dies Herakles in der Sage exemplarisch durchführt.

Tiefenpsychologisch bedeutet der Weg zum „Baum des Lebens am Ende der Welt" den Abstieg des Bewusstseins in das „magische Reich" des kollektiven Unbewussten und die Auseinandersetzung mit seinen dunklen Tiefen, die oft durch ein Ungeheuer in Gestalt eines Drachen oder einer Schlange verkörpert werden. Mit diesem Vertreter des furchtbaren Aspektes der Großen Mutter muss das Ich auf seiner Suchwanderung kämpfen und ihn überwinden, damit er den Goldschatz des Selbst heben und für sein Leben fruchtbar machen kann. Die antiken Mysterien beruhten auf dem gleichen Grundgedanken einer Hades- oder Unterweltsfahrt des Menschen zur Erneuerung seines inneren Wesens.

Herakles muss in der Sage schwere Prüfungen bestehen, um seinen Heldenweg vollenden zu können. Bei den Hesperiden hat er es aber nicht nur mit Ladon, sondern auch überhaupt mit Hera zu tun, die als gestrenge „Herrin Seele" ihren Heros mit besonderen Aufgaben belastet, damit er sich zu höchsten Taten aufrafft und damit die Essenz seines Selbst verwirklicht. In KHM 17 hat die Animagestalt der stolzen Königstochter gegenüber dem schönen Jüngling die gleiche Funktion wie Hera in der Sage von Herakles. [85]

In gewissem Gegensatz zum griechischen Mythos von Ladon als Hüterin der goldenen Äpfel steht der biblische Schöpfungsbericht mit seiner Schlange, die den Baum der Erkenntnis nicht beschützt, sondern ihn durch ihre verführerischen Reden dem Begehren von Eva und Adam geradezu preisgibt. Hier werden nur „Früchte" erwähnt, von denen die Menschen „nicht essen" dürfen, von denen sie aber schließlich dann doch „nehmen" (Genesis 3,3 und 3,6). Im Verlauf der Rezeptionsgeschichte werden daraus aber bald wie bei den Griechen, Germanen und Kelten Äpfel, die in Märchen und Sagen einen besonders tiefen symbolischen Bezug zum Eros des Weiblichen und zur Weisheit des Selbst besitzen. Außerdem lässt „Gott, der Herr", nach der Erzählung des Jahwisten „in der Mitte des Gartens aber den Baum des Lebens und den Baum der Erkenntnis von Gut und Böse" wachsen (Genesis 2,9).

Theologisch erweist sich diese Unterscheidung als größte Unebenheit der Sündenfallgeschichte und ist die spätere Zutat eines Bearbeiters, der das Motiv vom Lebensbaum einer anderen Erzählung entnommen und am Ende des Schöpfungsberichtes angeklebt hat. In der ursprünglichen Fassung gab es nur *ein* Gewächs in der Mitte des Gartens. Der Jahwist beschreibt in den beiden Bäumen nur die Polarität des *einen*, weil Männliches und Weibliches, Gut und Böse, Licht und Schatten, Leben und Tod letztlich nicht zu trennen sind und eine geheimnisvolle Einheit bilden. Die feministische Matriarchatsforschung sieht in Eva, der „Mutter alles Lebendigen", die ursprüngliche Liebes- und Erdgöttin von Jerusalem. Sie herrschte in ihrem Obstgarten-Paradies mit einem Apfelbaum als

Mittelpunkt, der auch Sinnbild ihres Wesens wurde. Dessen Früchte waren in Analogie zur germanischen Idun und zur griechischen Hera ihre Symbole von Leben und Tod, Wandlung, Wiedergeburt und Unsterblichkeit.

Eva brachte alles Leben zunächst nur mit dem phallischen Eros ihrer Paradiesschlange hervor und machte dann Adam zu ihrem Geliebten, der als ihr Heros Jerusalem beschützte. Später nahm der jüdische Gott Jahwe den Apfelgarten in Besitz, zwang Eva seine patriarchale Herrschaft auf und ordnete die ehemalige Göttin ihrem Ehemann Adam unter. Er verkehrte die ursprünglich positiven Funktionen in ihr destruktives Gegenteil und kreierte ein Denksystem, in dem die Schlange der Teufel war, Eva zur sündigen Verführerin wurde, der Apfel nur noch Versuchung bedeutete und der Baum einseitig eine Reduktion auf Sterben und Tod erfuhr.

Im Dienste dieser patriarchalen Sichtweise steht auch der jahwistische Schöpfungsbericht. Darin will die Schlange den Baum des Lebens indirekt bewachen, indem sie Adam und Eva von diesem abhält und nur auf den Baum der Erkenntnis verweist. Doch Gott Jahwe belohnt ihre Eigenmächtigkeit schlecht und demütigt sie durch Fluch und Strafe. Stattdessen setzt er am Ende der Erzählung des Jahwisten „die Kerubim" mit ihren lodernden Flammenschwertern als Wächter des Paradieses ein, die „den Weg zum Baum des Lebens" versperren sollen. [86]

Tiefenpsychologisch repräsentiert der Garten Eden als archetypisches Bild den Seelengrund und das magische Reich des kollektiven Unbewussten. In diesem Zusammenhang bedeutet das Schlangensymbol die mütterliche Ureinheit von paradiesischer Heimat und Tod. Dabei besitzen die beiden Bäume, die vier Flüsse und die Landschaft von Eden weibliche Qualität; die Schlange wird auch feminin als das verführerische Prinzip in der Frau gedacht. Aber die Erscheinungsform des Baumes der Erkenntnis symbolisiert den geistigen Grundstoff des Lebens, verleiht als solche auch geheime Weisheit und steht damit in Beziehung zur Sophia, dem höchsten Ausdruck des Archetyps der Großen Mutter. Der Apfel oder die Frucht von Eva im Paradies verkörpert einerseits den weiblichen Eros, andererseits die begehrte Kostbarkeit als Sinnbild des Selbst und enthält somit die künftige Form des erkennenden bewussten Menschen.

Das Symbol des Baumes gehört eigentlich von seinem Ursprung her zur matriarchalen Vorstellungswelt, wird aber vom Verfasser des Schöpfungsberichtes auf den Bereich des patriarchalen Gottes Jahwe übertragen. In diesem Denksystem gelten Erde, Schlange, Frau, Körper und Sexualität als böse, verführend und verflucht, der Mann jedoch nur als verführt und betrogen, weil er hier zur Dimension des Himmels und des Geistes zu zählen ist. Die Verbindung von Baum und Schlange erscheint in der Symbolik des Sündenfalls als der göttliche Geist eines Wachstumsprozesses, dessen Ziel für das Bewusstsein unfassbar ist. Dabei lädt nach C. G. Jung die Stimme dieses Dämons im Paradiesgarten dazu ein, sich auf die dunkle Schattenseite der Seele einzulassen, und wirkt so als Repräsentation der Versuchung par excellence. Die Schlange verheißt dabei den Menschen, dass sie nach dem Essen von den Früchten des Baumes der Erkenntnis die Fähigkeit besäßen, Gutes und Böses im zentralen Archetyp des Selbst vereinigen zu können. Eva als Anima von Adam verkörpert für Jung die Notwendigkeit, sich auf das Leben spendende Unbewusste einzulassen, und die Erzählung vom Sündenfall stellt sich von daher als Bild der Bewusstwerdung, der Lebenserweiterung und der Selbstfindung dar.

Die „Geschichte der Schlange im Paradies" wird vom Begründer der Analytischen Psychologie als „therapeutischer Mythus" bezeichnet, der zeigt, dass sowohl das Gute als auch das Böse zum Dasein gehören und in ihrer Polarität diesem Leben seine Energie verleihen. Sie stellt nach Jung den psychologisch notwendigen Schritt zur Individuation dar, und das Essen vom Baum in der Mitte des Gartens bedeutet den Akt der Selbsterkenntnis, der zur Auflösung der Ureinheit im Unbewussten führt. In diesem Wandlungsprozess kann die Schlange ein Heilszeichen sein, die Unterscheidung von Gut und Böse die Bewusstwerdung meinen und Eva die Anima des Mannes bedeuten, die ihm gerade durch die Versuchung letztlich Glück und Segen bringt.[87]

Doch Jungs positive Deutung kann nicht darüber hinwegtäuschen, dass der Schöpfungsbericht tragisch endet: Jahwe setzt Feindschaft zwischen die Schlange und die Frau, lässt Adam über Eva herrschen und vertreibt beide aus dem Garten von Eden.

KHM 17 entwirft dagegen eine versöhnliche Vision des Schlusses der Erzählung. Das Märchen nimmt das Symbol des goldenen Apfels vom „Baum des Lebens am Ende der Welt" aus der alttestamentlichen Paradiesgeschichte, der griechischen Hesperidensage und des germanischen Yggdrasilmythos und bringt es dadurch in einen inneren Zusammenhang mit dem Sinnbild der Schlange. Aber diese Verbindung steht in KHM 17 nicht unter dem negativen Vorzeichen des Kampfes, des Unheils und der Sünde, sondern ermöglicht am Ende eine positive Sinnstiftung, die den beiden Hauptfiguren Frieden, Heil und Liebe bringt. Der schöne Jüngling des Märchens gewinnt sein Glück fast im Schlaf, indem er sich in der Fassung von Grimms Ausgabe letzter Hand „unter einen Baum" setzt und dort einfach zulässt, dass „ein goldner Apfel" aus dem Reich des kollektiven Unbewussten „in seine Hand" fällt. Der Schatz des Selbst muss nicht noch einmal mit äußerster Anstrengung gehoben werden, sondern präsentiert sich dem Suchenden am Ende seines Weges ganz organisch als Konsequenz der Bemühungen um die dankbaren Tiere.

Auch Buddha bekam seine Erleuchtung in tiefster Meditation unter drei verschiedenen Bäumen. Nach einer Legende wohnte im dritten und letzten der Schlangenkönig Mucalinda. Dieser bedrohte den Versunkenen nicht, sondern beschützte ihn vor Wind und Wetter. Als ein heftiger Sturm aufkam, kroch die riesige Kobra aus ihrer Höhle im Wurzelwerk des Baumes heraus, umwand siebenfach den Leib des Erleuchteten und hielt ihren gespreizten Kopf wie einen Schirm über den Meditierenden sieben Tage lang, bis Buddha seine Meditation beendete. Anders als in der Bibel wird hier keine Gegnerschaft zwischen Mensch und Schlange konstruiert, sondern eine vermittelnde Brücke zwischen beiden gebaut.

Auf der Basis von gegenseitigem Respekt stellt der Tierkönig seine Macht freiwillig in den Dienst der Entwicklung des Erleuchteten. C. G. Jung versteht „das Leben Buddhas als die Wirklichkeit des Selbst, die ein persönliches Leben durchdrungen" hat. Vom gleichen Geist ist die Märchenwelt der grimmschen Erzählung beseelt. In ihr herrscht die weiße Schlange als Verkörperung der Großen Mutter in ihrem Aspekt der alten Weisen und des Sophia-Weiblichen. Sie schenkt nun ihrem Diener den Lohn für sein „mitleidiges Herz" und seine Hilfeleistungen gegenüber ihren „Untertanen" in Gestalt der dankbaren Tiere. [88]

Die Deutung der Schlusskonstellation des Märchens wird besonders durch die innere Verbindung von Schlange, Baum und Apfel bestimmt. Der Begriff des Kundalini-Yoga aus der indischen Geisteswelt kann diesen Zusammenhang vielleicht noch etwas genauer erläutern. Er stammt aus der religiösen und philosophischen Strömung des Tantrismus und fasst ein System magischer, meditativer und orgiastischer Rituale und Übungen zusammen, das die Wiedervereinigung der Polaritäten des Seins zu einer ungeteilten Einheit anstrebt. Das Sanskritwort „Kundalini" bedeutet „zusammengeringelt" und wird als weibliche und allmächtige Kraft definiert, die man sich als schlafende, um die Wirbelsäule gerollte Schlange vorstellt. An deren unteren Ende nistet sie unerweckt im Wurzelchakra und ist auch mit der Energie des Genitalbereiches verbunden. Durch entsprechende Yoga-Übungen gerät sie in Bewegung und steigt nach oben vom Wurzel- zum Kronenchakra hinauf. Sie führt so durch alle wichtigen Schichten der Seele und des Körpers zur höchsten Erkenntnis und kosmischen Weisheit, bis sie dann wieder in ihre Ausgangsposition zurückfließt.

Als bedeutendste weibliche Energieform ist die Kundalini-Schlange auch mit Shakti als der universalen Ur- und Lebenskraft identisch und vereinigt sich bei ihrem Aufstieg schließlich mit Shiva, dem spirituellen Bewusstsein im obersten Chakra, wodurch es zum Erleuchtungserlebnis kommt. Sie ist die „innere Frau" und damit die „Herrin Seele" in jedem Menschen und zugleich die animalische Vitalität seiner Tiefe. Personifiziert wird Shakti im Hinduismus als Göttin der Natur, der Liebe und der Fruchtbarkeit, aber auch des

Todes und des Krieges. So gilt sie als Schöpferin und Verschlingerin der Welt zugleich. Ihr Heros ist Shiva, der Gott des orgiastischen Rausches, des Gewitters und des Feuers, dabei auch der Zerstörung und Wiedergeburt. Die „Heilige Hochzeit" der beiden wird im Kult als Quelle allen Lebens verehrt und gefeiert. Vom Kundalini-Yoga aus betrachtet bedeutet in KHM 17 die weiße Schlange vor allem die Libido als zentrale Energie des Menschen, der Baum des Lebens konkret die Wirbelsäule und der goldene Apfel die höchste Erkenntnis durch das „Feuer" der Vitalkraft.

Nach seiner Initiation macht der Märchenheld durch die Führung seiner „Herrin Seele" einen tiefen Wandlungsprozess durch und steigt wie die Kundalini über die drei Elemente des Wassers, der Erde und der Luft in Begleitung der dazugehörigen hilfreichen Tiere zur spirituellen Dimension des Selbst auf. Die Raben als Repräsentanten des Geistes der Großen Mutter und ihrer Weisheit bringen ihm den goldenen Apfel und verkörpern damit die Boten und Vermittler der Erleuchtung durch den zentralen Archetyp. Zweimal erwähnt hier die Fassung der Ausgabe letzter Hand die Dreizahl der schwarzen Vögel und unterstreicht damit ausdrücklich ihre Herkunft aus dem Bereich der matriarchalen dreifaltigen Göttin und des ihr entsprechenden Urbildes der Magna Mater. [89]

Die dritte Auflage der „Kinder- und Hausmärchen" legt für die Ausgestaltung des Märchenschlusses den Hauptakzent auf die Thronbesteigung des Helden. Dabei wird die stolze Königstochter „seine Gemahlin", und nach dem Tod des alten Königs erhält der Jüngling „die Krone." Der Folklorist Vladimir Propp hat diese Konstellation in den russischen Zaubermärchen untersucht und dabei von seinem historischen Standpunkt aus festgestellt, dass der Thronanwärter sich durch ihm gestellte Aufgaben einer Prüfung unterziehen muss, die seinen Aufenthalt in der Unter- oder Anderswelt beweist. Nur derjenige, der in diesem Sonnenreich war und dort Helfer für die an sich unlösbaren Aufgaben gefunden hat, besitzt ein Anrecht auf die Hand der Zarentochter.

Die Erprobung durch eine Prüfung soll die Fähigkeit des Helden erweisen, über magische Kräfte zu verfügen, durch die er zusammen mit Zauberhelfern die Natur lenken kann. In prähistorischen Zeiten wurde nach der Thronbesteigung des Anwärters, die durch die Heirat mit der Prinzessin erfolgte, gewöhnlich der alte König getötet. Nach Propps Auffassung trägt das russische Zaubermärchen noch Züge dieses Konflikts zwischen dem alten und von dem neuen Herrscher, legt diesen aber in der Regel friedlich bei. Eine Möglichkeit besteht darin, dass der Held, welcher nun Ehemann der Zarentochter ist, den Tod seines Schwiegervaters abwartet und erst danach den Thron besteigt.

Diese Lösung bevorzugen auch die Brüder Grimm in der dritten Auflage ihrer Märchensammlung für KHM 17. In der Ausgabe letzter Hand setzen sie für die Schlusskonstellation den Schwerpunkt auf die Beziehung von Jüngling und Königstochter. Beide teilen darin „den Apfel des Lebens" und essen „ihn zusammen", worauf „ihr Herz mit Liebe zu ihm erfüllt" wird. Die Psychoanalyse interpretiert dieses Geschehen als sexuelle Verlegungssymbolik. Dabei repräsentiert der Mund des stolzen Mädchens, der für Freud auch eine erogene Zone darstellt, ihr weibliches Genitale. Dann wäre nach dieser Auffassung der gemeinsame Genuss des Apfels auch ein Sinnbild für den Geschlechtsverkehr zwischen den beiden. Hier löst sich das Geheimnis des Ödipuskomplexes auf, und die Forderungen der Triebsphäre, die sich in der Instanz des Es und besonders im Phallus ausdrückt, werden dabei erfüllt.[90]

Eine tiefenpsychologische Deutung der Schlusskonstellation von KHM 17 nach der Methode von C. G. Jung muss differenzierter und vielschichtiger vorgehen und einen umfassenderen Ansatz als Ausgangspunkt wählen. Hier bieten sich die Kategorien der Isolation und Allverbundenheit des Märchenforschers Max Lüthi an, der Volkskunde und Analytische Psychologie in seinen Interpretationen berücksichtigt und miteinander verbindet.

Nach ihm zeigt KHM 17 den schönen Jüngling als Helden, der aus der vertrauten Umgebung fortgeht und als wesenhaft Wandernder sich vereinzelt. Da er äußerlich frei und daher nirgends fest verwurzelt ist, kann er zu allen ihm begegnenden Menschen und Tieren in Kontakt treten. Universale Beziehungsfähigkeit auf der Basis von individueller Isolation wird hier zur potenziellen Allverbundenheit und zum stufenweisen Vertrautwerden mit den drei großen Elementen des Wassers, der Erde und der Luft, worin Weisung und Weg der weißen Schlange und ihrer Kundalini-Energie zum Ausdruck kommen.

Die äußerliche Isoliertheit des Märchenhelden ist die Voraussetzung der Individuation, die auf der inneren Ebene stattfindet, was tiefenpsychologisch bedeutet, zum Einzelwesen und damit zum eigenen Selbst zu werden, worunter Jung in diesem Zusammenhang „unsere innerste, letzte und unvergleichbare Einzigartigkeit" versteht. Diese Dimension der psychischen Ganzwerdung schließt aber „die Welt nicht aus, sondern ein." Allverbundenheit in diesem Sinne ist einerseits an soziales Leben gebunden, andererseits jedoch mit den tieferen Schichten der menschlichen Seele verwoben.[91]

Dieser Bereich des kollektiven Unbewussten wird in KHM 17 besonders von den drei dankbaren Tierarten repräsentiert, die dem Helden bei seinen schweren Aufgaben helfen. Während er die Grenzen seiner Fähigkeiten passiv erfährt, vergeblich nachdenkt oder einfach erschöpft einschläft, geht die Initiative zur Lösung an die Fische, Ameisen und Raben über. Symbolisch bedeutet dies, dass die Kräfte der Tiefe allein im Stande sind, das Werk zu vollenden, mit dem sich das Bewusstsein des Menschen vergeblich abgemüht hat. Die Vertreter der jenseitigen Sphäre erscheinen nach Lüthi hier genauso isoliert wie der Held, weil sie in kein System und keine Hierarchie eingebunden sind, verkörpern aber lebendige Teilaspekte der umfassenden psychischen Ganzheit, die schöpferisch auf die jeweilige ausweglose Prüfungssituation eingehen und die Not des verzweifelten Ich ins Heil wenden.

Bei den schweren Aufgaben handelt es sich um das Bändigen der vitalen Naturkraft, um Triebmeisterung als Voraussetzung von Reifung und Fortschritt, was sich im Gewinn des kostbaren Gutes oder sonst einer Belohnung zeigt. In der Sündenfallgeschichte tritt die Schlange als negative Kehrseite der elementaren Naturkraft auf, die den Menschen gefährden kann. Aber in KHM 17 stellt sie die positive Verheißung dar, die dem Helden zur Kenntnis der Tiersprachen verhilft und ihm damit den Erleuchtungsweg des Schamanen oder sonst eines Berufenen weist. Sie reißt ihn nicht wie in der Bibel aus der ursprünglichen Allverbundenheit des Paradieses heraus, sondern führt ihn auf höherer Ebene immer mehr in diese Dimension hinein, die von Jung kollektives Unbewusstes genannt wird. [92]

In einer Variante der Grimmschen Erzählung „Frau Holle" verlangt eine „Nixe mit furchtbaren Haaren" von der Märchenheldin, gekämmt zu werden, und fordert sie dadurch auf, die Kraft der „Mutter Erde" oder „Göttin Natur" zu bewältigen und zu ordnen. Durch diesen Dienst führt die Wasserfrau das Mädchen zu sich selbst. Bei den sibirischen Einweihungsriten und Heilungszeremonien begegnet der Schamane auf seiner ekstatischen Jenseitsreise auch der „ayami", seiner „himmlischen Gattin", die ihn einlädt, bei ihr zu bleiben und mit ihr zu schlafen. Nach der Hochzeit inspiriert sie ihn und hilft ihm bei seinen Aufgaben.

Im Kundalini-Yoga muss sich der Meditierende mit seiner „schlafenden Schlangenkraft" auseinandersetzen, die ihren himmlischen Ursprung vergessen hat. Durch Übungen erweckt er sie, damit sie sich an ihre Göttlichkeit erinnert und sich ihrer selbst bewusst wird, um ihm dadurch wiederum zur Erleuchtung zu verhelfen. Das altindische Wort „Yoga" bedeutet eigentlich „Verbindung, Vereinigung" und ist mit dem neuhochdeutschen Substantiv „Joch" urverwandt, das jedoch noch auf das Indogermanische zurückgeht und das Geschirr zum Anspannen der Zugtiere bezeichnet. So geht es bei allen angeführten Beispielen immer um das Gleiche: um die Befreiung des Geistes durch die Anjochung der elementaren Triebkraft, die im symbolischen Sinne immer als weiblich gedacht und als „Große Mutter Natur" vorgestellt wird. [93]

Das Urbild der Magna Mater in Gestalt der weißen Schlange will in KHM 17 das männliche Ich des Helden in keiner Weise beherrschen und schon gar nicht verschlingen, sondern von Anfang an ermutigen, sich zu entwickeln und zu entfalten. Als Kundalini-Energie steigt es in ihm langsam auf und führt ihn Schritt für Schritt von einer Stufe zur nächsten seines inneren Wachstums. Der Held bringt für seine Individuation auch die besten Voraussetzungen mit, weil er die dafür notwendigen Eigenschaften der Barmherzigkeit und der Allverbundenheit besitzt, die es ihm ermöglichen, sich für die Probleme seiner Umwelt zu öffnen und sich überall beziehungsfähig zu zeigen, so dass Agape und Eros gleichermaßen in ihm vorhanden sind und eine gute Mischung bilden.

Zunächst prüfen die in Not geratenen drei Tierarten das „mitleidige Herz" des berufenen Kandidaten und geben ihm die Möglichkeit, dass dieser vom „Diener" zum „schönen Jüngling" wird. Da er der Großen Mutter so vorbehaltslos dient, dankt sie ihm dies durch ihre Tiere und lässt die Schönheit seiner Seele auch sichtbar nach außen treten. Der Archetyp des Großen Weiblichen nimmt hier seinen Elementarcharakter zugunsten des Wandlungscharakters immer mehr zurück und betreibt die Herauslösung der Anima in Gestalt der Königstochter aus seinem Herrschaftsbereich. Die Verkörperung des femininen Seelenbildes hat ein „stolzes Herz", das sie „noch nicht bezwingen" kann. Sie zeigt damit, dass sie innerlich noch völlig unentwickelt ist und dass sie aus diesem Zustand unbewusst herauskommen will. In dieser Gestalt möchte die elementare Naturkraft der Großen Mutter vom männlichen Ich gebändigt und an das Joch der Wandlung angeschlossen werden. [94]

Dabei liegt dem Weiblichen gerade auch in dieser Form der negativ und feindlich erscheinenden Anima daran, dass letztlich das männliche Ich als Partner erhalten bleibe. Denn im Grunde soll die Auseinandersetzung ins Positive umschlagen, die Prüfung bestanden und die Prinzessin besiegt werden. Die prospektive, voraussehende Funktion des Unbewussten nimmt im Wandlungscharakter der Anima Gestalt an. Die Kundalini-Energie steigt erst recht unaufhaltsam weiter in die Höhe; die Entwicklung des Helden drängt zum entscheidenden Punkt des Umschlags von der

Gefahr zur Rettung, von der Abneigung zur Zuwendung, vom Unheil zum Heil.

Das Gesetz der Enantiodromie, nach dem für Jung der eine Lebenspol fortwährend in sein Gegenteil überführt wird und zwischen beiden ein beständiger Wechsel stattfindet, lässt sich nicht mehr aufhalten. Der harte Stolz im Herzen der Königstochter muss dabei aufgelöst und die Prinzessin selbst in diesem tiefgreifenden Wandlungsprozess von ihrem unbändigen Trotz erlöst werden. Die Anima als unbewusste und unentwickelte Persönlichkeitskomponente nähert sich dabei dem männlichen Bewusstsein an und trachtet danach, von ihm einsichtig aufgenommen und ihm liebevoll angegliedert zu werden, damit die Ganzheit des Menschen sich realisieren kann. Solange das weibliche Seelenbild vom bewussten Leben des Mannes ausgeschlossen im Unbewussten verharrt, hat es nichtmenschliche, tierisch-dämonische Qualität.

Insofern bleibt die weiße Schlange als Verkörperung der Großen Mutter ihrer alten Gestalt verhaftet und tritt im Märchen nicht mehr in Erscheinung. Ihre Funktion übernimmt in der Individuation des Helden die Königstochter als Repräsentantin des Wandlungscharakters, die dazu beiträgt, seine Entwicklung zu vollenden. So stellt die Prinzessin der Erzählung die Kundalini-Energie in menschlicher Gestalt dar. Wie die „zusammengerollte Schlangenkraft" für ihre Bewusstwerdung die Meditation des Yogis benötigt, so braucht die Anima für ihre Integration in das männliche Ich den goldenen Apfel vom Baum des Lebens als erotisches Sinnbild des Selbst, das ihr vom Bewusstsein des Helden selbst präsentiert wird und das sie mit ihm zusammen in sich aufnimmt, damit wie in der Eucharistie bei Brot und Wein reale innere Wandlung geschieht. Mit diesem Symbol der psychischen Ganzheit wird auch das kollektive Unbewusste einbezogen, das besonders im Wirken der Großen Mutter sich zeigt. Die weiße Schlange als Hauptvertreterin dieser Dimension in KHM 17 nimmt damit auch an diesem inneren Vereinigungs- und Erleuchtungsprozess des Helden stillschweigend teil. [95]

Der Verbindung zwischen dem männlichen Ich und seiner Anima auf der Subjektstufe entspricht die gemeinsame Zuneigung zwischen dem dienenden Jüngling und der stolzen Königstochter auf der Objektstufe. Er ist schon beim ersten Anblick in sie verliebt, sie muss ihre Einstellung zu ihm ändern. Dies geschieht durch das Teilen und Essen des Apfels vom Baum des Lebens, und „ihr Herz" wird „mit Liebe zu ihm erfüllt." Das Paar ergänzt sich ideal. Beide besitzen äußere und innere Schönheit. Er bringt Barmherzigkeit, sie Eigensinn mit. Diese polar entgegengesetzten Eigenschaften durchdringen sich und lösen in den Gefühlen eine Dynamik aus, die den erotischen Funken zwischen ihnen überspringen lässt.

In der Handlung des Apfelessens erfüllen beide symbolisch die ihnen von der Natur und der Großen Mutter in Gestalt der weißen Schlange zugedachte Aufgabe der Vereinigung, die zwischen den Geschlechtern stattfindet, und wirken so an der Befruchtung und Bewahrung des Lebens mit. Wenn nun der Wandlungscharakter des Weiblichen im inneren Erfahrungsprozess der Königstochter bewusst wird und sie ihn in sich realisieren kann, überwiegt in ihr die Bezogenheit zur individuellen Persönlichkeit des Partners, und sie wird zu einer echten Beziehung fähig. Der Eros mit seinem weiblichen Prinzip der Verbundenheit vermag die Herzen der Menschen zusammenzubringen, tiefe Liebe zwischen ihnen zu bewirken und damit Erfahrungen aus dem Bereich der Spiritualität zu ermöglichen, was im goldenen Apfel des Märchens seinen sinnbildlichen Ausdruck findet. Die hier angedeutete „Beziehung zum Selbst" ist nach Jung auch „zugleich die Beziehung zum Mitmenschen."

Zum Abenteuer der Individuation gehört das Sich-Einlassen auf Nähe, Wärme und Verbundenheit, um lebenslang die Kunst des Liebens in der Partnerschaft zu üben. Die Archetypen von Anima und Animus können dabei helfen, Eigenart und Wesen des geliebten Menschen zu erkennen und eine Seelenbeziehung von Selbst zu Selbst zu erfahren. So werden die spirituellen Dimensionen von Mitgefühl, Anteilnahme, Schöpferkraft und Bezogenheit in einem umfassenden Sinn durch die Liebe geweckt und gefördert. In der

Schlusskonstellation von KHM 17 deutet sich dieser Vorgang durch das Apfelessen auf der Subjekt- und Objektstufe zugleich an. Der Held erreicht hier die innere Harmonie seiner Pole von männlichem Bewusstsein und weiblichem Unbewussten und wird so auch äußerlich zur höchsten Harmonie mit einem anderen Menschen fähig. [96]

Das Märchen beginnt mit einem Tabubruch, der auch Parallelen und Unterschiede zur Paradieserzählung aufweist. Wie Adam und Eva von den Früchten des Baumes der Erkenntnis essen, so verzehrt der Diener ein Stück von der weißen Schlange. Jahwe und der König erscheinen zuerst als Vertreter einer umfassenden Weisheit, werden aber bald durch ihr autoritäres Verhalten zu Repräsentanten der Über-Ich-Instanz. Während der Tabubruch in der Schöpfungsgeschichte negative Folgen hat und zur Verfluchung der Schlange und zur Vertreibung der Menschen aus dem Paradies führt, besitzt er in KHM 17 positive Auswirkungen, setzt die Entwicklung des Helden in Gang und bringt ihm am Schluss Heil und Glück. In der Bibel gilt das zentrale Reptil als Verkörperung des Teufels, im Märchen als die Symbolgestalt der Großen Mutter und ihrer Weisheit schlechthin.

Zu Beginn hat der König in KHM 17 durch den ständigen direkten Kontakt mit der weißen Schlange noch unmittelbare Einsicht in verborgene Welt- und Lebenszusammenhänge. Durch die Tat seines Dieners verliert er beides und herrscht nur noch aus dem Bewusstseinsprinzip und der entsprechenden Gewissensinstanz heraus. Der Tabubruch und damit der Ungehorsam gegen das Gebot des Über-Ich führt den Helden zu Ganzheit und Vollständigkeit seiner Persönlichkeit durch die Vereinigung mit seiner Anima bzw. der gewandelten Prinzessin im Zeichen des Selbst.

Die weiße Schlange ist der Motor dieser Entwicklung, indem sie dem Jüngling die Kenntnis der Tiersprachen vermittelt, ihn damit in die Welt des Unbewussten einweiht, seine Barmherzigkeit zur Aktivität anspornt und die Leidenschaft für die Königstochter in ihm entfacht. Als Große Mutter in tierischer Gestalt ist sie die diskrete, souveräne Regisseurin des Geschehens und der „gute Geist" von Erde und Natur, der das Wohl des Menschen will, ihn im Individuationsprozess aus der seelischen Tiefe heraus wandelt und ihn dadurch für die höchste Bestimmung seines Daseins reif macht. Dafür lässt sie ihr wichtigstes Symbol, den goldenen Apfel, aus ihrem Paradies des kollektiven Unbewussten holen. Ihr Bote für diesen Dienst als Repräsentant ihres Geistes ist der Rabe, das Begleittier von Odin/Wotan und Apollo und damit ein Attribut des alten Weisen, der auf diese Art auch seinen Beitrag zur Entwicklung des Helden leistet.

So wirken Himmel und Erde durch Vogel und Schlange gleichermaßen zusammen, damit am Ende der Jüngling und die Königstochter ihr Glück finden. So schlägt das Märchen durch den Tabubruch einen Bogen vom verhängnisvollen Ausgang der Schöpfungsgeschichte bis zur Versöhnung aller Gegensätze durch die Frucht vom Baum des Lebens. Schlange und Apfel sind in der Bibel Symbole der menschlichen Ursünde und in KHM 17 Sinnbilder fruchtbarer Erdverbundenheit, die das irdische Paradies erst Gestalt gewinnen lässt. Hier herrscht das Glück, das sich Mann und Frau in ihrer Liebe schenken und das sich fern von Verbot und Strafe jetzt „ungestört" für die beiden bis in „ein hohes Alter" erfüllt.[97]

Anmerkungen

1. Zitiert nach: KHM, dritte Aufl., S. 96-100
2. Siehe: Freud, GW, Bd. 1, S. 142, 321 u. 351 + Bd. 2/3, S. 359, 362 u. 414 + Bd. 11, S. 156 f, 160 u. 413 + Bd. 12, S. 49. – Drewermann, S. 100f u. 104. – Egli, S. 261
3. Siehe: Riklin, S. 35, 37 u. 40f. – Róheim, Psychoanalyse, S. 29f u. 32f. – Drewermann, S. 89f u. 95-98
4. Siehe: Jung, GW, Bd. 5, S. 334, 380, 399, 476f, 481, 483, 503, 551f u. 554. – Egli, S. 262-65 u. 320. – Drewermann, S. 130f
5. Siehe: Jung, GW, Bd. 9, Hbbd. 2, S. 199, 201, 203, 249f, 260, 262 u. 271. – Egli, S. 262, 265 u. 320
6. Siehe: Neumann, Ursprungsgeschichte, S. 24, 26 u. 63f. – Neumann, Große Mutter, S. 143f. – Neumann, Bedeutung, S. 35, 38 u. 44f. – Walch, S. 49, 145f u. 158f. – Müller, S. 446f
7. Siehe: von Beit, Bd. 1, S. 140f, 393f u. 450. – Gutter, S. 59-62 u. 232
8. Siehe: Jacobi, Komplex, S. 169f. – Jaffé, S. 109
9. Siehe: E. Jung, S. 78f, 89, 93, 110f u. 114f. – von Beit, Bd. 1, S. 393 u. 450. – Jaffé, S. 74, 157f u. 161. – Müller, S. 23, 109 u. 256. – Jung, GW, Bd. 9, Hbbd. 1, S. 217f
10. Siehe: HdA, Bd. 7, S. 1135-37, 1140f u. 1144f. – EM, Bd. 12, S. 34-36 u. 42f. – Grimm, Bd. 2, S.569f u. 572 + Bd. 3, S. 197f. – Cooper, S. 160f. – von Bonin, S. 100f. – Schliephacke, Bildersprache, S. 52f. – Obenauer, S. 155f
11. Siehe: Eliade, Religionen, S. 192-98, 243f u. 332. – Cooper, S. 161f. – EM, Bd. 12, S. 41f
12. Siehe: Cooper, S. 35f, 161 u. 163. – Müller, S. 91f. – Schliephacke, Bildersprache, S. 15. – EM, Bd. 12, S. 34. – von Bonin, S. 27f. – Obenauer, S. 157 u. 159. – Grimm, Bd. 2, S. 573 + Bd. 3, S. 199

13. Siehe: Bolte/Polivka, Bd. 1, S. 4-7. – Scherf, Lexikon, S. 134f. – Göttner-Abendroth, S. 155f. – Riklin, S. 45f. – Drewermann, S. 96. – von Bonin, S. 45f. – Cooper, S. 61. – Schliephacke, Bildersprache, S. 23. – HdA, Bd. 3, S. 127f. – Stamer/Zingsem, S. 213f. – Schröder, Nixe, S. 68f u. 86 Anm. 50
14. Siehe: KHM, dritte Aufl., S. 453, 1046 u. 1244. – Nitschke, S. 31f. – Derungs, S. 180 u. 187. – Stamer/Zingsem, S. 163-65. – HdA, Bd. 7, S. 1140 u. 1176. – Duden, Etymologie, S. 771. – von der Leyen, Märchen, S. 51f. – Schliephacke, Bildersprache, S. 38 u. 52. – EM, Bd. 12, S. 42. – Laiblin, Urbild, S. 119 u. 121. – Cooper, S. 102f. – Schröder, Nixe, S. 69f u. 86 Anm. 51
15. Siehe: Scherf, Lexikon, S. 436f. – Scherf, Märchenlexikon, Bd. 2, S. 1380f. – Bolte/Polivka, Bd. 1, S. 131-33. – KHM, dritte Aufl., S. 887 u. 1203. – von der Leyen, Märchen, S. 236. – EM, Bd. 13, S. 646. – DS, S. 184-86 u. 777. – Uther, S. 39
16. Siehe: Scherf, Lexikon, S. 19f, 437 u. 439. – Scherf, Märchenlexikon, Bd. 1, S. 90f + Bd. 2, S. 1381f. – EM, Bd. 3, S. 287f, 290 u. 297. – Bolte/Polivka, Bd. 1, S. 134. – von der Leyen, Einleitung, S. XXIf. – Uther, S. 40
17. Siehe: von Beit, Bd. 1, S. 343, 359 u. 366f. – EM, Bd. 8, S. 135f u. 144-46. – Diederichs, S. 192f. – Schliephacke, Bildersprache, S. 36f. – Cooper, S. 93. – Gutter, S. 260. – Mindell, S. 151
18. Siehe: Jung, GW, Bd. 9, Hbbd. 1, S. 46f, 233f u. 238. – Müller, S. 460f. – von Beit, Bd. 1, S. 620f. – von Bonin, S. 12f. – Gutter, S. 263f. – Freund, S. 164
19. Siehe: Grimm, Bd. 1, S. 122 + Bd. 2, S. 559 + Bd. 3, S. 57. – Führer, S. 29f. – von Beit, Bd. 1, S. 205. – Schliephacke, Märchen, S. 119f. – Schliephacke, Bildersprache, S. 74. – Jung, GW, Bd. 10, S. 206. – Gutter, S. 268
20. Siehe: HdA, Bd. 9 Nachtr., S. 396-98. – Cooper, S. 63 u. 169. – von Beit, Bd. 1, S. 167f, 173, 276 u. 605 + Bd. 2, S. 123. – Neumann, Große Mutter, S. 51, 55, 57 u. 143. – von Bonin, S. 48. – Jung, GW, Bd. 5, S. 256 u. 380 Anm. 59

21. Siehe: EM, Bd. 6, S. 722, 724 u. 735 + Bd. 13, S. 1-4. – Müller, S. 161f. – von Beit, Bd. 1, S. 335f. – Lüthi, Es war einmal, S. 108f. – Cooper, S. 76. – Schliephacke, Bildersprache, S. 31. – von Bonin, S. 117
22. Siehe: EM, Bd. 6, S. 722 u. 735 + Bd. 13, S. 129f u. 134f. – Riedel, Tabu, S. 7, 10, 20f u. 40. – Duden, Etymologie, S. 731. – von Beit, Bd. 1, S. 481f. – Wasserziehr, S. 33. – Geiger, S. 117. – Gutter, S. 283f
23. Siehe: Riedel, Farben, S. 177, 179-81, 183f u. 186. – HdA, Bd. 9, S. 343f, 347, 349, 351 u. 355. – Schröder, Hänsel, S. 99, 109, 162 Anm. 51 u. 163 Anm. 58. – von Beit, Bd. 1, S. 282f u. 552f. – von Bonin, S. 129f. – Cooper, S. 52f. – Schliephacke, Bildersprache, S. 19
24. Siehe: Röhrich, Sage, S. 192, 195f u. 199. – EM, Bd. 12, S. 54-56.- HdA, Bd. 7, S. 1182 + Bd. 8, S. 832. – Egli, S. 241f.- Schenda, S. 312-14. – Riedel, Tabu, S. 35. – Jung, GW, Bd. 10, S. 213. – Stamer/Zingsem, S. 29f. – Führer, S. 39
25. Siehe: EM, Bd. 12, S. 45 + Bd. 13, S. 133. – HdA, Bd. 2, S. 1028f + Bd. 9 Nachtr., S. 497 u. 500. – von Beit, Bd. 1, S. 551. – Obenauer, S. 152f
26. Siehe: von Beit, Bd. 1, S. 149f. – Fischle, S. 68f. – Freund, S. 166f. – Mindell, S. 148. – Stamer/Zingsem, S. 186-88. – Egli, S. 119 u. 138f. – von Ranke-Graves, S. 65 u. 69. – Riedel, Tabu, S. 24. – Stumpfe, S. 100
27. Siehe: von Ranke-Graves, S. 154f, 157f, 210 u. 213. – Hunger, S. 221 u. 247f. – Löffler, S. 32f. – Küster, S. 125f. – Marx, S. 109f. – Bolte/Polivka, Bd. 1, S. 132f. – Egli, S. 137f. – EM, Bd. 13, S. 642f. – Stamer/Zingsem, S. 187. – Róheim, Fire, S. 174. – Eliade, Schamanismus, S. 370f
28. Siehe: Eliade, Schamanismus, S. 13f, 103, 105 u. 362-64. – Eliade, Religionen, S. 112 u. 197. – Eliade, Geschichte, Bd. 3, Hbbd. 1, S. 23 u. 32. – EM, Bd. 11, S. 1200f. – Müller, S. 366f. – Jung, GW, Bd. 11, S. 321. – Küster, S. 121f. – Marx, S. 108f

29. Siehe: Propp, S. 286, 289-91 u. 305f. – EM, Bd. 7, S. 183f + Bd. 13, S. 646. – von Hahn, Bd. 1, S. 236 + Bd. 2, S. 243. – Bolte/Polivka, Bd. 1, S. 133. – Marx, S. 110 Anm. 3
30. Siehe: Jung, GW, Bd. 5, S. 422f, 517 u. 532 + Bd. 11, S. 555 + Bd. 12, S. 379f. – Schröder, Hänsel, S. 128f, 131f u. 165 Anm. 71+72. – Müller, S. 201f u. 357. – von Beit, Bd. 1, S. 336f
31. Siehe: HdA, Bd. 8, S. 235-37, 239-41, 250-52 u. 254f. – Vonessen, S. 181f, 184f u. 190f. – DS, S. 185 u. 777. – Grimm, Bd. 2, S. 820f. – Schenda, S. 342f. – Cooper, S. 177. – Duden, Etymologie, S. 688. – Laiblin, Symbolik, S. 369f u. 373
32. Siehe: Jung, GW, Bd. 16, S. 233 u. 278f. – von Beit, Bd. 1, S. 714 u. 743. – EM, Bd. 8, S. 138f. – Cooper, S. 93. – Gutter, S. 304. – von Bonin, S. 70. – Diederichs, S. 194
33. Siehe: HdA, Bd. 7, S. 703, 707-10, 713 u. 717-19. – EM, Bd. 11, S. 688-92. – von Beit, Bd. 1, S. 336, 350f, 399, 574 u. 761 + Bd. 2, S. 302. – Müller, S. 269f u. 376f. – Jung, GW, Bd. 9, Hbbd. 1, S. 156. – von Bonin, S. 94. – Cooper, S. 150. – Schliephacke, Bildersprache, S. 50
34. Siehe: Geiger, S. 119f. – Freund, S. 167. – Fischle, S. 69. – Mindell, S. 151. – Storck, S. 281f
35. Siehe: Schröder, Hänsel, S. 142f u. 166 Anm. 80. – EM, Bd. 4, S. 1-3. – von Beit, Bd. 1, S. 775 u.786. – Cooper, S. 45. – Schliephacke, Bildersprache, S. 17. – von Bonin, S. 38. – Neumann, Große Mutter, S. 260. – HdA, Bd. 2, S. 850. – Mindell, S. 152. – Storck, S. 282. – DS, S. 185
36. Siehe: EM, Bd. 4, S. 3f + Bd. 10, S. 1164-66. – Uther, S. 39. – Mindell, S. 152f. – Storck, S. 282f. – von Beit, Bd. 1, S. 774f. – Schenda, S. 67
37. Siehe: von Beit, Bd. 1, S. 142, 158 u. 217 + Bd. 2, S. 601f. – Jung, GW, Bd. 5, S. 353f, 356f u. 362. – HdA, Bd. 6, S. 1609-12 u. 1636f. – EM, Bd. 10, S. 910f u. 919. – Cooper, S. 138f. – Rinne, S. 26f. – von Bonin, S. 87f. – Schliephacke, Bildersprache, S. 48. – Schenda, S. 263. – Propp, S. 215f

38. Siehe: EM, Bd. 10, S. 910 u. 912-16. – HdA, Bd. 6, S. 1619, 1622, 1630-32 u. 1634. – Eliade, Schamanismus, S. 431 u. 433f. – Propp, S. 220, 223 u. 225. – Schenda, S. 264 u. 266. – Cooper, S. 138f. – von Beit, Bd. 1, S. 158, 218 u. 356. – Jung, GW, Bd. 5, S. 353 u. 357. – Rinne, S. 58f. – Schliephacke, Bildersprache, S. 48. – von Bonin, S. 88
39. Siehe: EM, Bd. 3, S. 288, 297f, 322-24, 326 u. 329. – Röhrich, Märchen, S. 81-84. – Eliade, Schamanismus, S. 96-98 u. 101f. – Propp, S. 191-93. – Meuli, S. 146f u. 170. – Wöller, S. 151-53. – von Beit, Bd. 1, S. 144, 251, 457, 475 u. 478. – Cooper, S. 196. – Bettelheim, S. 76. – Meyer, S. 115. – Lüthi, Deutung, S. 87
40. Siehe: EM, Bd. 3, S. 287-89, 294, 298, 852f, 855f, 858, 864-66, 882f u. 885. – Obenauer, S. 82-84. – Bettelheim, S. 96f, 99, 102 u. 208f. – von Bonin, S. 29f. – Jung, GW, Bd. 9, Hbbd. 1, S. 250 u. 260. – Riedel, Bilder, S. 187-89. – Riedel, Formen, S. 71, 73, 75 u. 84f. – Göttner-Abendroth, S. 5f, 17 u. 20. – von Beit, Bd. 1, S. 340f u. 436. – Cooper, S. 36f u. 220. – Schliephacke, Bildersprache, S. 77f
41. Siehe: EM, Bd. 1, S. 1253f. – Obenauer, S. 188f u. 191. – Röhrich, Märchen, S. 82f. – Duden, Etymologie, S. 64 u. 462. – Tatar, S. 131-33. – Bettelheim, S. 76. – Wöller, S. 158f. – Geiger, S. 122. – Freund, S. 168
42. Siehe: Gesenius, S. 755. – Duden, Etymologie, S. 282. – HdA, Bd. 3, S. 1794, 1797f, 1800-02 u. 1804. – EM, Bd. 6, S. 923f u. 926f. – Cooper, S. 76f. – von Beit, Bd. 2, S. 391f. – Schliephacke, Bildersprache, S. 31. – von Bonin, S. 58f. – Jacobi, Psychologie, S. 198
43. Siehe: EM, Bd. 4, S. 1201-04. – Schenda, S. 85f. – Cooper, S. 56f. – Stumpfe, S. 89. – Schliephacke, Bildersprache, S. 21. – von Bonin, S. 44

44. Siehe: Freud, GW, Bd. 2/3, S. 362 + Bd. 11, S. 157. – Jung, GW, Bd. 5, S. 248 + Bd. 9, Hbbd. 2, S. 98-100, 102f, 113, 120, 122-25, 151, 154-56, 164, 199 u. 201-03. – Neumann, Große Mutter, S. 141f. – Neumann, Ursprungsgeschichte, S. 85f. – von Beit, Bd. 1, S. 226f + Bd. 2, S. 176, 187f, 191 u. 329. – Gutter, S. 230f
45. Siehe: Jung, GW, Bd. 5, S. 276f + Bd. 9, Hbbd. 1, S. 28 + Suppl. Sem. Bd. 1, S. 494. – Neumann, Große Mutter, S. 58, 129f, 212, 246 u. 260. – Neumann, Ursprungsgeschichte, S. 86. – von Beit, Bd. 1, S. 39f, 66f u. 299. – Cooper, S. 171 u. 209f. – von Bonin, S. 119 u. 129. – Schröder, Hänsel, S. 140f u. 165 Anm. 78. – EM, Bd. 3, S. 855f. – Riedel, Formen, S. 71f. – Göttner-Abendroth, S. 17
46. Siehe: Jung, GW, Bd. 9, Hbbd. 2, S. 156 u. 199. – Schröder, Nixe, S. 77 u. 86 Anm. 57. – Hunger, S. 300f. – HdA, Bd. 7, S. 1075f. – Schliephacke, Märchen, S. 119. – Mindell, S. 154
47. Siehe: EM, Bd. 1, S. 448-52 + Bd. 6, S. 161 u. 163 + Bd. 13, S. 622f. – HdA, Bd. 1, S. 361-63 + Bd. 7, S. 1129. – Schenda, S. 26-29. – Marx, S. 124. – Mindell, S. 154f. – von Beit, Bd. 2, S. 633
48. Siehe: Die Bibel, S. 345, 432f u. 693. – Der Koran, S. 363-66. – EM, Bd. 1, S. 450 + Bd. 11, S. 955-57, 1072-74, 1082-84 u. 1087f + Bd. 13, S. 643. – Diederichs, S. 202f u. 284f. – von der Leyen/Schier, S. 87, 123-25 u. 151. – von der Leyen, Märchen, S. 237. – Schenda, S. 27. – HdA, Bd. 8, S. 941
49. Siehe: Hunger, S. 7, 44, 88, 101f, 147, 150f, 318 u. 336. – Göttner-Abendroth, S. 27f u. 35-37. – Jung, GW, Bd. 9, Hbbd. 1, S. 199f u. 204f. – Cooper, S. 12. – Riedel, Formen, S. 73. – Mindell, S. 155. – Schliephacke, Märchen, S. 119. – Freund, S. 168
50. Siehe: HdA, Bd. 7, S. 427f, 433-36, 441 u. 445 + Bd. 8, S. 832. – EM, Bd. 11, S. 119-22. – Hunger, S. 48, 69 u. 221. – Grimm, Bd. 1, S. 122-24 + Bd. 3, S. 57. – Eliade, Schamanismus, S. 97 u. 370f. – Meuli, S. 147 u. 157f. – Cooper, S. 146f. – Schliephacke, Bildersprache, S. 48f

51. Siehe: Die Bibel, S. 11, 104, 185, 355, 609, 687, 713, 732, 833 u. 1169. – HdA, Bd. 7, S. 428, 434, 437, 444 u. 1435 + Bd, 8, S. 833-35. – EM, Bd. 11, S. 122-25. – Schenda, S. 271-73. – Cooper, S. 147. – Riedel, Farben, S. 164. – Grimm, Bd. 2, S. 559
52. Siehe: Jung, GW, Bd. 9, Hbbd. 1, S. 231, 237, 247f, 251, 252/53 Anm. 55 u. 256. – von Beit, Bd. 1, S. 204f, 439 u. 507 + Bd. 2, S. 16f u. 201. – Riedel, Tabu, S. 25f u. 35. – Müller, S. 22f u. 460f. – Mindell, S. 156. – von Bonin, S. 90
53. Siehe: HdA, Bd. 7, S. 427f u. 456f + Bd. 9, S. 349 u. 357f. – Riedel, Farben, S. 185. – KHM, Ausg. letzter Hand, Bd. 1, S. 116f. – EM, Bd. 11, S. 132f. – Freund, S. 169. – Schröder, Hänsel, S. 97f u. 162 Anm. 50 – Schliephacke, Bildersprache, S. 70f. – Cooper, S. 208. – von Bonin, S. 128. – Hunger, S. 64
54. Siehe: Göttner-Abendroth, S. 5f, 17, 26, 30f, 112 u. 136. – Hunger, S. 65f, 74f u. 151. – Schröder, Hänsel, S. 21-25 u. 157 Anm. 4-6. – HdA, Bd. 7, S. 1432 + Bd. 9, S. 339. – Riedel, Farben, S. 163 u. 186. – Führer, S. 82f, 90 u. 93. – Neumann, Große Mutter, S. 166f. – Schliephacke, Bildersprache, S. 48. – Cooper, S. 147. – Mindell, S. 156f. – Müller, S. 377f
55. Siehe: Grimm, Bd. 1, S. 34, 38, 40 u. 44 + Bd.2, S. 553 u. 877. – Eliade, Schamanismus, S. 187f u. 190-93. – Rinne, S. 63f. – EM, Bd. 10, S. 288f, 291 u. 298. – HdA, Bd. 6, S. 1652 u. 1671f + Bd. 9, S. 345f. – Schliephacke, Bildersprache, S. 47. – Cooper, S. 132. – Propp, S. 219. – Riedel, Farben, S. 186
56. Siehe: Jung, GW, Bd. 5, S. 298, 338f, 488, 534-37, 541, 546 u. 548. – von Beit, Bd. 1, S. 421f, 495 u. 747f. – Müller, S. 307f. – Hunger, S. 80f u. 226. – Führer, S. 35f. – Schliephacke, Märchen, S. 120. – Rinne, S. 65. – Neumann, Große Mutter, S. 265f
57. Siehe: EM, Bd. 3, S. 411f, 414 u. 417. – von Beit, Bd. 1, S. 496 u. 785. – Müller, S. 260f. – Freund, S. 169. – Wasserziehr, S. 33. – Geiger, S. 124. – Cooper, S. 171. – Schliephacke, Bildersprache, S. 56. – von Bonin, S. 108f. – Gutter, S. 254

58. Siehe: EM, Bd. 3, S. 288 u. 412 + Bd. 5, S. 230 u. 233-35 + Bd. 10, S. 1312-15 + Bd. 11, S. 286 u. 289f. – Snook, S. 126f, 137-39 u. 142-45. – Diederichs, S. 249f, 263f u. 345-47. – Wehse, S. 9-13 u. 15f. – Solms, S. 50-52. – Cooper, S. 144
59. Siehe: Eliade, Schamanismus, S. 81-90. – Gehrts, S. 82-85 u. 90. – Neumann, Große Mutter, S. 161f u. 286. – Jung, GW, Bd. 5, S. 362 + Bd. 13, S. 367. – E.Jung, S. 84. – von Beit, Bd. 1, S. 272. – Hunger, S. 73f
60. Siehe: Bettelheim, S. 122f. – von Bonin, S. 89 u. 91f. – Róheim, Fire, S. 178f. – Hunger, S. 286 u. 382. – Snook, S. 125f. – Riklin, S. 84
61. Siehe: Jung, GW, Bd. 5, S. 262f u. 270f + Bd. 9, Hbbd. 1, S. 96 + Bd. 18, Hbbd. 1, S. 138f. – von Beit, Bd. 1, S. 173, 389-92 u. 431f. – Neumann, Große Mutter, S. 57 u. 268f. – Müller, S. 269f, 285 u. 376. – KHM, dritte Aufl., S. 405f
62. Siehe: Neumann, Große Mutter, S. 39f u. 43-48. – E. Jung, S. 78f u. 119f. – Müller, S. 23f, 98 und 284f. – Snook, S. 133f. – Mindell, S. 158 u. 164. – von Beit, Bd. 2, S. 589f u. 590 Anm. 1. – Schliephacke, Bildersprache, S. 37
63. Siehe: Neumann, Große Mutter, S. 43f. – Snook, S. 123f. – Eliade, Schamanismus, S. 38f. – Müller, S. 98 u. 367. – Riedel, Formen, S. 73 u. 75. – Freund, S. 169f
64. Siehe: EM, Bd. 9, S. 472-74. – HdA, Bd. 6, S. 65 u. 67-69. – von Beit, Bd. 1, S. 40, 132, 173 u. 345 + Bd. 2, S. 443 u. 590 Anm. 1. – Jung, GW, Bd. 5, S. 276f u. 416f. – Snook, S. 122 u. 124. – Schröder, Hänsel, S. 121 u. 164 Anm. 66. – Gutter, S. 213f. – von Bonin, S. 77f. – Neumann, Große Mutter, S. 58. – Schliephacke, Bildersprache, S. 42. – Cooper, S. 133
65. Siehe: Cooper, S. 50 u. 65f. – Neumann, Große Mutter, S. 301-03. – Hunger, S. 101f. – Schliephacke, Bildersprache, S. 25f. – von Bonin, S. 50f. – von Beit, Bd. 1, S. 482. – EM, Bd. 5, S. 1357f. – Riedel, Farben, S. 89f. – HdA, Bd. 6, S. 68. – Gutter, S. 305f

66. Siehe: Cooper, S. 91, 124f u. 136. – von Bonin, S. 80 u. 86f. – Neumann, Große Mutter, S. 56, 173 u. 260. – Göttner-Abendroth, S. 27f. – HdA, Bd. 6, S. 632f. – Schröder, Hänsel, S. 136f u. 165 Anm. 75. – Schliephacke, Bildersprache, S. 48. – Hunger, S. 44. – Wasserziehr, S. 33. – Mindell, S. 160. – Freund, S. 170
67. Siehe: EM, Bd. 1, S. 451f + Bd. 3, S. 289 + Bd. 5, S. 699-707 u. 709. – Cooper, S. 63 u. 134f. – HdA, Bd. 3, S. 304f u. 307. – von Bonin, S. 47. – Schliephacke, Bildersprache, S. 48
68. Siehe: von Beit, Bd. 1, S. 162f, 173, 439, 461, 464, 500 u. 534 + Bd. 2, S. 101. – Müller, S. 269f u. 285. – Jung, GW, Bd. 9. Hbbd. 1, S. 96. – von Bonin, S. 48
69. Siehe: Neumann, Große Mutter, S. 69, 247f u. 271f. – von Beit, Bd. 1, S. 235 + Bd. 2, S. 139f. – HdA, Bd. 4, S. 117-19. – Cooper, S. 95f. – Göttner-Abendroth, S. 35f. – Jung, GW, Bd. 9, Hbbd. 1, S. 199 u. 204. – Schliephacke, Märchen, S. 119. – Mindell, S. 160f
70. Siehe: Cooper, S. 153 u. 225. – von Beit, Bd. 1, S. 452. – Neumann, Große Mutter, S. 56. – HdA, Bd. 9 Nachtr., S. 115. – Schliephacke, Bildersprache, S. 81. – Riedel, Bilder, S. 204. – Freund, S. 170. – Mindell, S. 161. – Wasserziehr, S. 33
71. Siehe: EM, Bd. 7, S. 551-53 + Bd. 11, S. 508-11 + Bd. 13, S. 1f. – KHM, Ausg. letzter Hand, Bd. 1, S. 116. – Jung, GW, Bd. 12, S. 380 u. 384. – von Beit, Bd. 1, S. 336f. – von Bonin, S. 117. – Schliephacke, Bildersprache, S. 71. – Geiger, S. 127f
72. Siehe: Eliade, Religionen, S. 301f, 319, 323, 326 u. 352. – Stamer/Zingsem, S. 253, 255, 257, 259 u. 261-63. – Gutter, S. 191-93. – HdA, Bd. 1, S. 955-57. – EM, Bd. 1, S. 1366, 1368 u. 1370. – Cooper, S. 18f. – von Bonin, S. 18f. – Schliephacke, Bildersprache, S. 12f. – Führer, S. 43f. – Grimm, Bd. 2, S. 542

73. Siehe: Eliade, Schamanismus, S. 85, 130f, 189, 259-61 u. 263. – Eliade, Religionen, S. 138-40 u. 341-43. – Eliade, Geschichte, Bd. 3, Hbbd. 1, S. 19 u. 26. – EM, Bd. 1, S. 1367 + Bd. 11, S. 1202f. – Cooper, S. 21 u. 23. – Schliephacke, Bildersprache, S. 73
74. Siehe: Eliade, Religionen, S. 112 u. 314f. – Eliade, Geschichte, Bd. 2, S. 140 u. 142. – Eliade, Schamanismus, S. 362f. – Führer, S. 13f, 35 u. 84. – Stamer/Zingsem, S. 30, 33f u. 260. – Göttner-Abendroth, S. 114 u. 116. – HdA, Bd. 5, S. 962f + Bd. 6, S. 1630. – Cooper, S. 23 u. 216f. – Grimm, Bd. 2, S. 664 + Bd. 3, S. 237. – von Bonin, S. 19. – EM, Bd. 11, S. 1214
75. Siehe: EM, Bd. 1, S. 1367 + Bd. 8, S. 820f. – HdA, Bd. 1, S. 956 + Bd. 5, S. 960. – Drewermann, S. 53-55. – Cooper, S. 19f. – von Bonin, S. 19f. – Schliephacke, Bildersprache, S. 12. – Eliade, Religionen, S. 333
76. Siehe: Stamer/Zingsem, S. 129-31, 140f, 253-55 u. 257. – Eliade, Religionen, S. 317, 319, 323f u. 326. – Eliade, Geschichte, Bd. 1, S. 79 u. 81f. – EM, Bd. 5, S. 1246-49 + Bd. 8, S. 821f. – Göttner-Abendroth, S. 67-69. – Cooper, S. 21 u. 23. – Schliephacke, Bildersprache, S. 13. – Die Bibel, S. 6 u. 8. – HdA, Bd. 5, S. 964
77. Siehe: Jung, GW, Bd. 5, S. 278, 282-84, 298, 314-16 u. 536f. – Neumann, Große Mutter, S. 59f, 62, 231f, 235f, 238f u. 245f. – von Beit, Bd. 1, S. 129-31, 158f u. 173. – Gutter, S. 194f. – Müller, S. 255f u. 285. – Schröder, Hänsel, S. 106f u. 163 Anm. 56. – Drewermann, S. 62
78. Siehe: Jung, GW, Bd. 13, S. 293, 325, 327, 331f, 337, 339, 341, 344f, 362, 364f u. 367. – Müller, S. 24, 194, 196, 377, 458 u. 465. – Jaffé, S. 69f u. 72-74. – von Beit, Bd. 1, S. 464f + Bd. 2, S. 83. – Drewermann, S. 55. – E. Jung, S. 116f. – Neumann, Große Mutter, S. 279f. – Grimm, Bd. 2, S. 544. – Hunger, S. 275. – EM, Bd. 1, S. 1372

79. Siehe: EM, Bd. 3, S. 1407f + Bd. 7, S. 194f, 524, 526f u. 547f. – von Beit, Bd. 1, S. 21f, 27, 35f, 39, 42, 60, 63 u. 66 + Bd. 2, S. 80 u. 82. – Jung, GW, Suppl. Sem. Bd. 1, S. 494. – KHM, Ausg. letzter Hand, Bd. 1, S. 116f. – HdA, Bd. 4, S. 645f. – Eliade, Religionen, S. 329. – Geiger, S. 128
80. Siehe: EM, Bd. 1, S. 830 u. 834 + Bd. 4, S. 949-51 u. 955-58 + Bd. 7, S. 195f + Bd. 8, S. 752f. – Göttner-Abendroth, S. 101-03, 198, 201, 203, 223f, 226 u. 246f. – von Beit, Bd. 1, S. 271-73. – E. Jung, S. 104f u. 107. – Schröder, Nixe, S. 26f u. 83 Anm. 10. – Stamer/Zingsem, S. 258
81. Siehe: HdA, Bd. 1, S. 510-13 u. 517f. – EM, Bd. 1, S. 622f. – von Bonin, S. 13f. – Obenauer, S. 130f. – von Beit, Bd. 1, S. 273f. – Cooper, S. 13. – Schliephacke, Bildersprache, S. 9. – Meyer, S. 209
82. Siehe: Göttner-Abendroth, S. 21, 27f, 35-37 u. 146f. – Hunger, S. 7, 101f u. 305. – Cooper, S. 13 u. 67. – Schliephacke, Bildersprache, S. 9 u. 11. – Riedel, Tabu, S. 139f. – Stamer/Zingsem, S. 259f. – Neumann, Große Mutter, S. 247f. – EM, Bd. 1, S. 622-24. – HdA, Bd. 1, S. 511
83. Siehe: von Beit, Bd. 1, S. 274-76, 439, 674 u. 709 + Bd. 2, S. 100f. – Müller, S. 108f u. 377. – Schliephacke, Märchen, S. 120f. – Schliephacke, Bildersprache, S. 9. – Wasserziehr, S. 33f. – Mindell, S. 162. – von Bonin, S. 14. – Bettelheim, S. 201f. – Drewermann, S. 57 u. 60. – Meyer, S. 208f
84. Siehe: KHM, Ausg. letzter Hand, Bd. 1, S. 116f. – Riedel, Tabu, S. 139. – Riedel, Farben, S. 90. – Egli, S. 121. – Stamer/Zingsem, S. 148. – Küster, S. 120. – Müller, S. 162. – Schliephacke, Bildersprache, S. 25

85. Siehe: Hunger, S. 77f, 165, 167 u. 182. – Stamer/Zingsem, S. 148, 186 u. 258. – Egli, S. 121 u. 171. – EM, Bd. 1, S. 954 + Bd. 5, S. 702 + Bd. 6, S. 826. – Göttner-Abendroth, S. 41f u. 46f. – Jung, GW, Bd. 5, S. 380, 387, 445f u. 448. – von Beit, Bd. 1, S. 336 u. 439 + Bd. 2, S. 192. – Müller, S. 91 u. 161f. – Schröder, Hänsel, S. 132, 134f u. 165 Anm. 72+74. – Mindell, S. 162f. – Meyer, S. 206f – Drewermann, S. 59 u. 142f. – Eliade, Religionen, S. 332
86. Siehe: Die Bibel, S. 3f u. 7f. – EM, Bd. 1, S. 96f + Bd. 5, S. 700f + Bd. 8, S. 821f + Bd. 10, S. 556f + Bd. 12, S. 170f. – Egli, S. 122, 266f, 270f u. 321f Anm. 16. – Göttner-Abendroth, S. 82f, 122f u. 244f. – Stamer/Zingsem, S. 263f u. 266. – Eliade, Religionen, S. 327-29. – Eliade, Geschichte, Bd. 1, S. 158f. – Halbfas, S. 48f. – Cooper, S. 19f u. 134. – HdA, Bd. 6, S. 1417f
87. Siehe: Jung, GW, Bd. 5, S. 135 + Bd. 9, Hbbd. 1, S. 36 + Bd. 9, Hbbd. 2, S. 250f + Bd. 11, S. 213 u. 215 + Bd. 13, S. 219 u. 342 + Bd. 17, S. 137. – Drewermann, S. 131, 134, 136 u. 138-40. – von Beit, Bd. 1, S. 21, 131, 141, 674, 733 u. 747 + Bd. 2, S. 136 u. 292. – Neumann, Große Mutter, S. 234f u. 307. – Neumann, Bedeutung, S. 14
88. Siehe: Stamer/Zingsem, S. 74-76. – Fischle, S. 93f. – Egli, S. 244 u. 247. – Schliephacke, Märchen, S. 121. – Müller, S. 72. – Jung, Erinnerungen, S. 282. – EM, Bd. 2, S. 991
89. Siehe: Göttner-Abendroth, S. 91f, 94 u. 250. – Schliephacke, Märchen, S. 120f. – Müller, S. 406f. – Fischle, S. 111f. – Stamer/Zingsem, S. 88f. – Mindell, S. 163. – Riedel, Tabu, S. 22
90. Siehe: KHM, dritte Aufl., S. 100 + Ausg. letzter Hand, Bd. 1, S. 117. – Propp, S. 393-95, 421-24, 429f. u. 435f. – Riklin, S. 61 u. 85. – Róheim, Fire, S. 179
91. Siehe: EM, Bd. 1, S. 330 + Bd. 7, S. 321f. – Lüthi, Es war einmal, S. 109 u. 111. – Lüthi, Deutung, S. 87. – Laiblin, Symbolik, S. 369f. – Müller, S. 194f. – Jung, GW, Bd. 7, S. 191 + Bd. 8, S. 258

92. Siehe: Laiblin, Symbolik, S. 365-68 u. 373. – Laiblin, Urbild, S. 138. – Riedel, Tabu, S. 21f. – EM, Bd. 7, S. 323. – Eliade, Schamanismus, S. 105
93. Siehe: Laiblin, Urbild, S. 138f. – Laiblin, Symbolik, S. 367. – Eliade, Schamanismus, S. 86-88. – Mindell, S. 163. – Duden, Etymologie, S. 314
94. Siehe: Schliephacke, Märchen, S. 120f. – Geiger, S. 129. – Lüthi, Deutung, S. 87. – Neumann, Große Mutter, S. 46. – Laiblin, Symbolik, S. 367f
95. Siehe: Neumann, Große Mutter, S. 47f. – Müller, S. 101f. – E. Jung, S. 112f. – von Beit, Bd. 1, S. 393. – Mindell, S. 163f. – Wasserziehr, S. 34f. – Storck, S. 284
96. Siehe: Müller, S. 60, 109 u. 257f. – KHM, Ausg. letzter Hand, Bd. 1, S. 117. – Neumann, Große Mutter, S. 49. – Jung, GW, Bd. 16, S. 248. – Geiger, S. 129. – Freund, S. 170f. – Schliephacke, Märchen, S. 121
97. Siehe: Riedel, Tabu, S. 20, 26, 136f u. 141f. – von Beit, Bd. 1, S. 481f + Bd. 2, S. 101f. – Geiger, S. 129f. – Laiblin, Symbolik, S. 372. – Wasserziehr, S. 34. – Freund, S. 171

Literaturverzeichnis

Beit, Hedwig von: Symbolik des Märchens. 3 Bde. Bern: Francke, 1952 – 1957

Bettelheim, Bruno: Kinder brauchen Märchen. Aus dem Amerikanischen übersetzt von Liselotte Mickel und Brigitte Weitbrecht. Stuttgart: Deutsche Verlags-Anstalt, 1977

Bolte, Johannes / Polivka, Georg: Anmerkungen zu den Kinder- und Hausmärchen der Brüder Grimm. 5 Bde. Leipzig: Dieterich, 1913 – 1932

Bonin, Felix von: Kleines Handlexikon der Märchensymbolik. Stuttgart: Kreuz, 2001

Cooper, Jean C.: Illustriertes Lexikon der traditionellen Symbole. Übersetzung aus dem Englischen von Gudrun und Matthias Middell. Wiesbaden: Drei Lilien, 1986

Der Koran. Einleitung und Anmerkungen von Annemarie Schimmel. Aus dem Arabischen übersetzt von Max Henning. Stuttgart: Reclam, 1960

Derungs, Kurt: Märchen und Totemismus. In: Tier und Totem. Naturverbundenheit in archaischen Kulturen. Texte zum Totemismus. Herausgegeben von Sigrid Hellbusch, Hermann Baumann und Kurt Derungs. Bern: amalia, 1998, S. 177 – 202

Deutsche Sagen. Herausgegeben von den Brüdern Grimm. Ausgabe auf der Grundlage der ersten Auflage. Ediert und kommentiert von Heinz Rölleke. Frankfurt a. M.: Deutscher Klassiker Verlag, 1994

Die Bibel. Altes und Neues Testament. Einheitsübersetzung. Stuttgart: Katholische Bibelanstalt, 1980

Diederichs, Ulf: Who`s who im Märchen. München: Deutscher Taschenbuch Verlag,1995

Drewermann, Eugen: Strukturen des Bösen. Teil 2: Die jahwistische Urgeschichte in psychoanalytischer Sicht. München – Paderborn – Wien: Schöningh, 1983, 4. Aufl.

D S: siehe Deutsche Sagen

Duden – Etymologie. Herkunftswörterbuch der deutschen Sprache. Duden Bd. 7. Herausgegeben von Günther Drosdowski. Mannheim – Leipzig –Wien – Zürich: Dudenverlag, 1989, 2. neu bearb. u. erweit. Aufl.

Egli, Hans: Das Schlangensymbol. Geschichte – Märchen – Mythos. Olten–Freiburg i. Br.: Walter, 1982

Eliade, Mircea: Die Religionen und das Heilige. Elemente der Religionsgeschichte. Aus dem Französischen ins Deutsche übertragen von Mohammed H. Rassem und Inge Köck. Salzburg: Müller, 1954

Eliade, Mircea: Geschichte der religiösen Ideen. 4 Bde. Aus dem Französischen übersetzt von Elisabeth Darlap, Adelheid Müller-Lissner, Werner Müller und Clemens Lanczkowski. Freiburg i. Br. – Basel – Wien: Herder, 1978 – 1991

Eliade, Mircea: Schamanismus und archaische Ekstasetechnik. Übertragung aus dem Französischen durch Inge Köck. Zürich – Stuttgart: Rascher, 1954

E M: siehe Enzyklopädie des Märchens

Enzyklopädie des Märchens. Handwörterbuch zur historischen und vergleichenden Erzählforschung. 13 Bde. Begründet von Kurt Ranke. Herausgegeben von Rolf Wilhelm Brednich. Berlin – New York: de Gruyter, 1977-2010

Fischle, Willy H.: Das Geheimnis der Schlange. Deutung eines Symbols. Fellbach – Oeffingen: Bonz, 1989, 2. Aufl. (" psychologisch gesehen" 46)

Freud, Sigmund: Gesammelte Werke. 18 Bde. Chronologisch geordnet. Unter Mitwirkung von Marie Bonaparte herausgegeben von Anna Freud. London – Frankfurt a. M.: Imago – Fischer, 1940-1968

Freund, Winfried: Deutsche Märchen. Eine Einführung. München: Fink, 1996

Führer, Maria: Nordgermanische Götterüberlieferung und deutsches Volksmärchen. 80 Märchen der Brüder Grimm vom Mythus her beleuchtet. München: Filser, 1938
Gehrts, Heino: Schamanenweihe in einem niedersächsischen Volksmärchen. In: Vom Menschenbild im Märchen, S. 72 – 90 u. 151f
Geiger, Rudolf: Märchenkunde. Neue Folge. Zwölf Betrachtungen zu den Grimmschen Märchen. Stuttgart: Urachhaus, 1991
Gesenius, Wilhelm: Hebräisches und aramäisches Handwörterbuch über das Alte Testament. Berlin – Göttingen – Heidelberg: Springer, 1962, 17. Aufl.
Göttner-Abendroth, Heide: Die Göttin und ihr Heros. Die matriarchalen Religionen in Mythos, Märchen und Dichtung. München: Frauenoffensive, 1980
Griechische und albanesische Märchen. 2 Bde. Gesammelt, übersetzt und erläutert von Johann Georg von Hahn. Mit einem in Farben gedruckten Titelbilde. Leipzig: Engelmann, 1864
Grimm, Jacob: Deutsche Mythologie. 3 Bde. Unveränd. reprograf. Nachdr. der Berliner Ausg. 1875-1878. Besorgt und herausgeben von Elard Hugo Meyer. Darmstadt: Wissenschaftliche Buchgesellschaft, 1965
Gutter, Agnes: Märchen und Märe. Psychologische Deutung und pädagogische Wertung. Solothurn: Antonius, 1968
Hahn, Johann Georg von: siehe griechische und albanesische Märchen
Halbfas, Hubertus: Der Paradiesgarten. In: Zauber Märchen. Forschungsberichte aus der Welt der Märchen. Im Auftrag der Europäischen Märchengesellschaft herausgegeben von Ursula Heindrichs und Heinz- Albert Heindrichs. München: Diederichs, 1998, S. 45-52

Handwörterbuch des deutschen Aberglaubens. 10 Bde. Unveränd. photomech. Nachdr. der Ausg. Berlin – Leipzig 1927-1942. Herausgegeben von Hanns Bächtold-Stäubli unter Mitwirkung von Eduard Hoffmann-Krayer mit einem Vorwort von Christoph Daxelmüller. Berlin – New York: de Gruyter, 1987

HdA: siehe Handwörterbuch des deutschen Aberglaubens

Hunger, Herbert: Lexikon der griechischen und römischen Mythologie mit Hinweisen auf das Fortwirken antiker Stoffe und Motive in der bildenden Kunst, Literatur und Musik des Abendlandes bis zur Gegenwart. Mit 64 Bildtafeln. Wien: Holinek, 1969, 6. erweit. u. ergänz. Aufl.

Jacobi, Jolande: Die Psychologie von C. G. Jung. Eine Einführung in das Gesamtwerk. Mit 8 farbigen und 9 einfarbigen Illustrationen und 18 Diagrammen. Zürich – Stuttgart: Rascher, 1957, 4. erweit. u. neubearb. Aufl.

Jacobi, Jolande: Komplex, Archetypus, Symbol in der Psychologie C. G. Jungs. Mit einem Vorwort von C. G. Jung und 5 Illustrationen. Zürich – Stuttgart: Rascher, 1957

Jaffé, Aniela: Bilder und Symbole aus E.T.A. Hoffmanns Märchen „Der goldne Topf." Hildesheim: Gerstenberg, 1978, 2. veränd. Aufl.

Jung, Carl Gustav: Erinnerungen, Träume, Gedanken. Aufgezeichnet und herausgegeben von Aniela Jaffé. Mit 25 Tafeln. Zürich – Stuttgart: Rascher, 1962

Jung, Carl Gustav: Gesammelte Werke. 20 Bde. Herausgegeben von Marianne Niehus-Jung. Zürich – Stuttgart: Rascher, 1958 – 1970. Später herausgegeben von Lily Jung-Merker. Olten-Freiburg i. Br.: Walter, 1971 – 1994

Jung, Carl Gustav: Gesammelte Werke. Supplementbände Seminare Bd.1: Kinderträume. Herausgegeben von Lorenz Jung und Maria Meyer-Grass. Olten-Freiburg i. Br.: Walter, 1987

Jung Emma: Die Anima als Naturwesen. In: Studien zur Analytischen Psychologie C. G. Jungs. Bd.2: Beiträge zur Kulturgeschichte. Festschrift zum 80. Geburtstag von C. G. Jung. Herausgegeben vom C. G. Jung-Institut Zürich. Zürich: Rascher, S. 78 – 120

KHM: siehe Kinder und Hausmärchen

Kinder- und Hausmärchen der Brüder Grimm. Ausgabe letzter Hand mit den Originalanmerkungen der Brüder Grimm. 3 Bde. Mit einem Anhang sämtlicher Märchen und Herkunftsnachweisen herausgegeben von Heinz Rölleke. Stuttgart: Reclam, 2008

Kinder- und Hausmärchen. Gesammelt durch die Brüder Grimm. Vollständige Ausgabe auf der Grundlage der dritten Auflage (1837). Herausgegeben von Heinz Rölleke. Frankfurt a. M.: Deutscher Klassiker Verlag, 1985

Küster, Erich: Die Schlange in der griechischen Kunst und Religion. Mit 32 Textabbildungen und 1 Tafel. Gießen: Töpelmann, 1913

Laiblin, Wilhelm: Das Urbild der Mutter. In: Märchenforschung und Tiefenpsychologie, S. 100 – 50

Laiblin, Wilhelm: Symbolik der Wandlung im Märchen. In: Märchenforschung und Tiefenpsychologie, S. 345 – 74

Leyen, Friedrich von der: Das deutsche Märchen und die Brüder Grimm. Düsseldorf – Köln: Diederichs, 1964

Leyen, Friedrich von der: Einleitung. In: Kinder- und Hausmärchen. Gesammelt durch die Brüder Grimm. Herausgegeben von Friedrich von der Leyen. Bd.1. Jena: Diederichs, 1927, S. VII – XXVII

Leyen, Friedrich von der / Schier, Kurt: Das Märchen. Ein Versuch. Heidelberg: Quelle & Meyer, 1958, 4. erneuer. Aufl.

Löffler, Ingrid: Die Melampodie. Versuch einer Rekonstruktion des Inhalts. Meisenheim a. G.: Hain, 1963

Lüthi, Max: Deutung eines Märchens. „Die weiße Schlange." In: Süddeutsche Zeitung. Münchner neueste Nachrichten aus Politik, Kultur, Wirtschaft, Sport. 23. Jg., Nr. 102 (29. / 30.4. / 1.5.1967). München, 1967, S.87

Lüthi, Max: Es war einmal... Vom Wesen des Volksmärchens. Mit einem Vorwort von Lutz Röhrich. Göttingen: Vandenhoeck & Ruprecht, 1998, 8. neu bearbeit. Aufl.

Märchenforschung und Tiefenpsychologie. Herausgegeben von Wilhelm Laiblin. Darmstadt: Wissenschaftliche Buchgesellschaft, 1969 (Wege der Forschung Bd.102)

Marx, August: Griechische Märchen von dankbaren Tieren und Verwandtes. Stuttgart: Kohlhammer, 1889

Meuli, Karl: Scythica. In: Hermes. Zeitschrift für klassische Philologie. Bd.70 (1935), S.121 – 76

Meyer, Rudolf: Die Weisheit der deutschen Volksmärchen. Stuttgart: Urachhaus, 1981, 8. Aufl.

Mindell, Arnold: The Dreambody – Krankheit und Individuation. Über die Beziehungen zwischen Traum- und Körperprozessen. Übersetzung aus dem Amerikanischen von Gisela und Jean-Claude Audergon-Oehlke. Fellbach-Oeffingen: Bonz, 1985 („psychologisch gesehen": Wissenschaft)

Müller, Lutz und Anette: siehe Wörterbuch der Analytischen Psychologie

Neumann, Erich: Die Bedeutung des Erdarchetyps für die Neuzeit. In: Eranos-Jahrbuch 1953. Bd.22: Mensch und Erde. Mit 8 Kunstdrucktafeln. Herausgegeben von Olga Fröbe-Kapteyn. Zürich: Rhein, 1954, S.11 – 56

Neumann, Erich: Die Große Mutter. Der Archetyp des Großen Weiblichen. Mit 243 Kunstdruckbildern und 77 Textillustrationen. Zürich: Rhein, 1956

Neumann, Erich: Ursprungsgeschichte des Bewusstseins. Mit einem Vorwort von C. G. Jung. Zürich: Rascher, 1949

Nitschke, August: Soziale Ordnungen im Spiegel der Märchen. Bd.1: Das frühe Europa. Stuttgart – Bad Cannstatt: Frommann, 1976

Obenauer, Karl Justus: Das Märchen. Dichtung und Deutung. Frankfurt a. M.: Klostermann, 1959

Propp, Vladimir: Die historischen Wurzeln des Zaubermärchens. Aus dem Russischen von Martin Pfeiffer. München – Wien: Hanser, 1987

Ranke-Graves, Robert von: Griechische Mythologie. Quellen und Deutung. Autorisierte deutsche Übersetzung von Hugo Seinfeld unter Mitwirkung von Boris v. Borresholm. Reinbeck bei Hamburg: Rowohlt Taschenbuch, 1984

Riedel, Ingrid: Bilder in Religion, Kunst und Psychotherapie. Wege zur Interpretation. Stuttgart: Kreuz, 1988

Riedel, Ingrid: Farben – In Religion, Gesellschaft, Kunst und Psychotherapie. Stuttgart: Kreuz, 1983

Riedel, Ingrid: Formen – Kreis, Kreuz, Dreieck, Quadrat, Spirale. Stuttgart: Kreuz, 1985

Riedel, Ingrid: Tabu im Märchen. Die Rache der eingesperrten Natur. Olten – Freiburg i. Br.: Walter, 1985

Riklin, Franz: Wunscherfüllung und Symbolik im Märchen. Nachdr. der Ausg. Leipzig – Wien 1908. Nendeln (Liechtenstein): Kraus Reprint, 1970

Rinne, Olga: Die Gänsemagd. Wie eine Frau sich verliert und wiederfindet. Zürich: Kreuz, 1987 (Weisheit im Märchen)

Róheim, Géza: Fire in the Dragon and other psychoanalytic Essays on Folklore. Edited and introduced by Alan Dundes. Princeton (New Jersey): Princeton University Press, 1992

Róheim, Géza: Psychoanalyse und Anthropologie. Drei Studien über die Kultur und das Unbewusste. Frankfurt a. M.: Suhrkamp, 1977

Röhrich, Lutz: Märchen und Wirklichkeit. Wiesbaden: Steiner, 1964, 2. erweit. Aufl.

Röhrich, Lutz: Sage und Märchen. Erzählforschung heute. Freiburg i. Br. – Basel – Wien: Herder, 1976
Schenda, Rudolf: Das ABC der Tiere. Märchen, Mythen und Geschichten. München: Beck, 1995
Scherf, Walter: Das Märchenlexikon. 2 Bde. München: Beck, 1995
Scherf, Walter: Lexikon der Zaubermärchen. Mit 20 ausgewählten Textillustrationen. Stuttgart: Kröner, 1982
Schliephacke, Bruno P.: Bildersprache der Seele. Lexikon zur Symbolpsychologie. Das zeitlose Wesen symbolischer Gestalten in Märchen, Mythen, Sitten, Gebräuchen und Träumen. Berlin: Telos, 1970
Schliephacke, Bruno P.: Märchen, Seele und Sinnbild. Neue Wege zu altem Wissen. Münster: Aschendorff, 1974
Schröder, Friedrich: Die Nixe im Teich. Erotische Faszination und Wandlung. Stuttgart: opus magnum, 2009
Schröder, Friedrich: Hänsel und Gretel. Die Verzauberung durch die Große Mutter. Stuttgart: opus magnum, 2009
Snook, Lynn: Auf den Spuren der Rätselprinzessin Turandot. In: Vom Menschenbild im Märchen. S.121 – 45
Solms, Wilhelm: Die Moral von Grimms Märchen. Darmstadt: Wissenschaftliche Buchgesellschaft, 1999
Stamer, Barbara / Zingsem, Vera: Schlangenfrau und Chaosdrache in Märchen, Mythos und Kunst. Schlangen- und Drachensymbolik im Kulturvergleich. Stuttgart – Zürich: Kreuz, 2001
Storck, Edzard: Alte und neue Schöpfung in den Märchen der Brüder Grimm. Bietigheim: Turm, 1977
Stumpfe, Ortrud: Die Symbolsprache der Märchen. Münster: Aschendorff, 1978, 4. Aufl.
Tatar, Maria: Von Blaubärten und Rotkäppchen. Grimms grimmige Märchen. Aus dem Englischen von Anke Vogel. Salzburg – Wien: Residenz, 1990
Tiere und Tiergestaltige im Märchen. Im Auftrag der Europäischen Märchengesellschaft herausgegeben von Arnica Esterl und Wilhelm Solms. Regensburg: Röth, 1991

Uther, Hans-Jörg: Handbuch zu den „Kinder- und Hausmärchen" der Brüder Grimm. Entstehung – Wirkung – Interpretation. Berlin – New York: de Gruyter, 2008

Vom Menschenbild im Märchen. Im Auftrag der Europäischen Märchengesellschaft herausgegeben von Jürgen Janning, Heino Gehrts und Herbert Ossowski. Kassel: Röth, 1981, 2.Aufl.

Vonessen, Franz: Das Tier und die Würde des Menschen. Zu Grimms Märchen „Der Hund und der Sperling". In: Tiere und Tiergestaltige im Märchen, S. 179 – 94

Walch, Gerhard M.: Wandlungen des Bewusstseins. Erich Neumanns Tiefenpsychologie der Kultur. Mit zwei Seminarbeiträgen zusammen mit Maria Hippius–Gräfin Dürckheim. Stuttgart: opus magnum, 2010

Wasserziehr, Gabriele: Märchen für Erwachsene. Symbolische Lektüren. Frankfurt a. M.: Fischer Taschenbuch, 1997

Wehse, Rainer: Die Prinzessin. In: Die Frau im Märchen. Im Auftrag der Europäischen Märchengesellschaft herausgegeben von Sigrid Früh und Rainer Wehse. Kassel: Röth, 1985, S.9 – 17 u. 215

Wöller, Hildegunde: Die hilfreichen Tiere. In: Tiere und Tiergestaltige im Märchen, S. 146 – 61

Wörterbuch der Analytischen Psychologie. Herausgegeben von Lutz und Anette Müller. Düsseldorf – Zürich: Walter-Patmos, 2003

opus magnum
www.opus-magnum.de

Unsere Themen: ...
Anima – Animus – Archetyp – Assoziationsexperiment – Bewusstsein – Beziehung – Einheitswirklichkeit – Extraversion – Ethik – Ganzheit – Gottesbild – Humor – Imagination – Integration – Individuation – Introversion – Komplex – Kreativität – Krise – Kunst – Lebenskunst – Lebenskultur – Lebensmitte – Mandala – Märchen – Meditation – Methoden – Mythos – Mysterium Coniunctionis – Natur – Paar – Persona – Psychodrama – Polarität – Religiosität – Sandspiel – Schatten – Schöpferisches – Selbst – Sinn – Spiritualität – Symbolik – Traum – Unbewusstes – Unus Mundus – Wandlung ...

Der Internet-Verlag opus magnum veröffentlicht aktuelle wie auch vergriffene Bücher, Manuskripte, Seminarunterlagen und Texte zu allen Themen der Analytischen Psychologie und einer integralen Lebenskultur.
Die Texte sind zum großen Teil kostenlos als Dateien zum Lesen oder Herunterladen bei www.opus-magnum.de, aber auch als Print-Ausgaben im Buchhandel erhältlich.
opus magnum gibt auch die Zeitschrift „Jung-Journal" heraus, das Forum für Analytische Psychologie und Lebenskultur (www.jung-journal.de)

Unsere Autoren: ... K. U. Adam, M. Battke, E. Barz, H. Barz, U. Bez, E. Brehm, H. Dieckmann, T. Evers, D. Flügge, H. Hark, P. Haerlin, M. Horine, M. Jacoby, R. Kachler, M. Kassel, V. Kast, R. Kaufmann, D. Laitenberger, C. Lutz, H. Mantel, C. Meier-Seethaler, E. Neumann, L. Müller, W. Obrist, H. Obleser, J. Rasche, A. Ribi, I. Riedel, G. Rieß, G. Rittgardt, B. Romankiewicz, G. Sauer, G. Schoeller, F. Schröder, A. Seifert, T. Seifert, U. Steffen, G. Walch, G. Wehr, H. Wöller ...

www.ingramcontent.com/pod-product-compliance
Lightning Source LLC
Chambersburg PA
CBHW032002080426
42735CB00007B/487